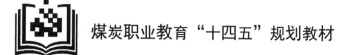 煤炭职业教育"十四五"规划教材

劳动教育理论与实践教程

主　审　孙晓静　张雅伦
主　编　刘冬梅
副主编　张玉瑾　史光武　孟凡刚
参　编　郑　慧　董育博　于长波
　　　　王林琳　王　芳

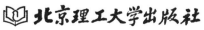 北京理工大学出版社
BEIJING INSTITUTE OF TECHNOLOGY PRESS

版权专有 侵权必究

图书在版编目(CIP)数据

劳动教育理论与实践教程 / 刘冬梅主编. —北京：北京理工大学出版社，2021.3 (2023.12重印
ISBN 978-7-5682-9593-2

Ⅰ. ①劳… Ⅱ. ①刘… Ⅲ. ①劳动教育-高等职业教育-教材 Ⅳ. ①G40-015

中国版本图书馆 CIP 数据核字(2021)第 040254 号

出版发行 /	北京理工大学出版社有限责任公司
社　　址 /	北京市海淀区中关村南大街 5 号
邮　　编 /	100081
电　　话 /	(010)68914775(总编室)
	(010)82562903(教材售后服务热线)
	(010)68944723(其他图书服务热线)
网　　址 /	http://bitpress.com.cn
经　　销 /	全国各地新华书店
印　　刷 /	河北盛世彩捷印刷有限公司
开　　本 /	787 毫米×1092 毫米　1/16
印　　张 /	10.25
字　　数 /	156 千字
版　　次 /	2021 年 3 月第 1 版　2023 年 12 月第 4 次印刷
定　　价 /	

责任编辑 / 江　立
文案编辑 / 江　立
责任校对 / 周瑞红
责任印制 / 施胜娟

图书出现印刷质量问题，请拨打售后电话，本社负责调换

前 言

"劳动是推动经济社会发展的根本力量,是人的本质。"2018年9月10日,习近平总书记在全国教育大会上的重要讲话中提出了培养德、智、体、美、劳全面发展的社会主义建设者和接班人的总要求。这一提法将劳动教育从以往促进青少年全面发展的途径,提升为国民教育体系中与德、智、体、美育并举的重要组成部分。2020年3月,中共中央、国务院颁发的《关于全面加强新时代大中小学劳动教育的意见》,对新时代大中小学加强劳动教育进行了全面、系统的部署,强调"劳动教育是国民教育体系的重要内容,是学生成长的必要途径,具有树德、增智、强体、育美的综合育人价值"。

党的二十大报告指出:"在全社会弘扬劳动精神、奋斗精神、奉献精神、创造精神、勤俭节约精神,培育时代新风新貌。"伟大实践孕育伟大精神,伟大精神引领伟大实践。在全社会弘扬劳动精神,让劳动最光荣、劳动最崇高、劳动最伟大、劳动最美丽蔚然成风,努力推动形成适应新时代要求的思想观念、精神面貌、文明风尚、行为规范,是建设社会主义文化强国的重要任务。全体社会成员应弘扬劳动精神,在热爱劳动中培养劳动态度,在辛勤劳动中淬炼劳动技能,在诚实劳动中锻造劳动品德。对广大青年尤其要加强劳动教育,坚持德、智、体、美、劳五育并举全面育人,用劳动教育筑牢立德树人基石。坚持劳动教育与时俱进,丰富和完善劳动教育课程体系,充分发挥劳动教育基地作用,引导青年热爱劳动、崇尚创造,为实现中华民族伟大复兴而努力奋斗。

职业教育以努力培养数以亿计的高素质劳动者和技术技能人才为己任。旨在促进学生修养德行,沉淀智慧,积累能力,强壮体魄,健康审美,崇尚劳动,娴熟技能,这更契合崇尚工匠精神、劳动和技能的舆论环境。因此,职业院校具有助推劳动教育的天然优势。《关于全面加强新时代大中小学劳动教育的意见》和《教育部关于印发〈大中小学劳动教育指导纲要(试行)〉的通知》(教材〔2020〕4号)均要求:"职业院校以实习实训课为主要载体开展劳动教育,其中劳动精神、劳模精神、工匠精神专题教育不少于16学时。"早在2019年,《教育部关于职业院校专业人才培养方案制订与实施工作的指导意见》(教职成〔2019〕13号)就已经提出:"结合实习实训强化劳动教育,明确劳动教育时间,弘扬劳动精神、劳模精神,教育引导学生崇尚劳动、尊重劳动。""学校还应当组织开展劳动实践、创新创业实践、志愿服务及其他社会公益活动。"

河北能源职业技术学院先行一步,积极探索,早在2017年就开设了"劳动实践"课程,通过3年多的积极探索,积累了一定的劳动教育经验。通过劳动教育课程,可以培养学生的劳动精神(含劳动态度、劳动理念和精神风貌),使其成为有素质的劳动者;进而可以培养学生的工匠精神(包括爱岗敬业、刻苦钻研、精益求精、追求卓越等),鼓励其成为优秀的劳动者;更进一步地,可以激发学生学习劳动模范们的劳模精神,促使其在工作中

爱岗敬业、争创一流、艰苦奋斗、勇于创新、淡泊名利、甘于奉献，进而成为影响别人的杰出劳动者

本教材是总结了劳动教育经验，融思想性、科学性、实用性于一体的创新教材。教材既体现了劳动教育的思想性——运用马克思主义唯物史观，阐述了全面的、本原的劳动观，把劳动看成包括人类创造世界、改造世界的一切实践活动；又兼顾了劳动科学的系统性——充分彰显劳动形态的时代发展性，阐明了劳动与人类伦理、劳动与经济、劳动与法律、劳动与劳动关系、劳动与安全等关系，揭示了劳动永远与每个人的生活与发展息息相关的真理。此外，教材还特别注重实用性——注意结合当代高职学生未来的职业发展和在社会生活中可能遇到的各种劳动问题，普及必要的、实用的知识。

本教材以培养劳动观念、指导劳动实践、提升劳动能力为基本理念，以培养学生适应当代社会需要的核心素养和现代职场需要的核心能力为具体要求，以培养日常生活劳动素养、服务性劳动素养、生产劳动素养为教学目标。

本教材分为理论课程和实践课程两大部分，理论课程包括劳动的概念、劳动教育理念的形成、劳动精神的养成、劳动安全和劳动保护等几个部分；实践课程按课程标准安排，分为基础保洁模块、工具使用模块、收纳整理模块、餐具清洁模块、安全巡查模块、临时任务模块和其他任务模块等几大部分。

劳动教育是一门实践性很强的课程。除了扎实推进新时代职业院校劳动教育的课程建设外，各职业院校至少还需要做到以下7个方面的"相结合"：劳动教育与思想政治教育相结合、劳动教育与专业教育相结合、劳动教育与实习实训相结合、劳动教育与社会实践和志愿服务相结合、劳动教育与创新创业教育相结合、劳动教育与产教融合相结合、劳动教育与职业生涯教育及就业指导相结合，进而完善劳动教育体系，将劳动教育融入学校育人各个环节。

新征程上，我们一定要以习近平新时代中国特色社会主义思想为指引，坚持马克思主义劳动观，发扬中华民族勤劳美德，强化劳动教育意识，树立正确的劳动价值取向，形成良好劳动风貌，提升劳动者现代化技能水平和劳动创新实践能力，勠力同心、接续奋斗，为实现以中国式现代化全面推进中华民族伟大复兴贡献智慧和力量。

编　者

目 录
Contents

第一单元　劳动概述 ································· 1

　　第一节　劳动的概念 ································· 3
　　第二节　劳动教育理念的形成 ······················· 15
　　第三节　劳动精神的养成 ··························· 30
　　第四节　劳动安全 ································· 52
　　第五节　劳动保护 ································· 65

第二单元　劳动实践 ································· 77

　　第一节　基础保洁模块 ····························· 79
　　第二节　工具使用模块 ····························· 91
　　第三节　收纳整理模块 ···························· 101
　　第四节　餐具清洁模块 ···························· 109
　　第五节　安全巡查模块 ···························· 116
　　第六节　临时任务模块 ···························· 126
　　第七节　其他任务模块 ···························· 133

附　件 ·· 140

　　附件一 ··· 140
　　附件二 ··· 145
　　附件三 ··· 149

参考文献 ·· 157

第一单元　劳动概述

▷▷▷▷ 单元导学

物质资料的生产是人类社会赖以生存和发展的基础,劳动在物质资料的生产过程中起着至关重要的作用。恩格斯指出,"劳动是整个人类生活的第一个基本条件,而且达到这样的程度,以致我们在某种意义上不得不说:劳动创造了人本身"。

人类的劳动是体力劳动与脑力劳动的结合。随着社会生产力水平的快速发展和人们认识水平的逐渐提高,体力劳动和脑力劳动渐渐分离。但是,体力劳动和脑力劳动仍是不可分割的,在当今社会条件下,二者只是分工不同,没有高低贵贱之分。人类社会进入新时代后,人类的劳动形态已经发生了许多巨大的变化。尽管随着人工智能时代的到来,大部分手工性劳动已被自动化的机械性劳动所替代,但是在新时代下,体力劳动仍然是不可或缺的。体力劳动是人们维持日常生活所必备的一种基本能力,体力劳动在培养我们的好奇心、想象力和批判性思维方面起着不可替代的作用。

新时代下,党和国家高度重视劳动教育。新时代的劳动教育应既有马克思主义"教劳结合"思想的引领,又有"耕读传家久"的传统,高职院校的学生应该将专业技能与劳动精神、工匠精神、劳模精神、职业精神相结合,将社会实践与责任担当相结合,树立"大劳动观"的理念,拓展劳动的广度与深度,重构个体与他人、社会和自然的关系,立志成为一名爱劳动、会劳动、会感恩、会助人的德智体美劳全面发展的社会主义的建设者和接班人。

本单元主要包括劳动的概念、劳动教育理念的形式、劳动精神的养成、劳动安全和劳动保护等方面的内容。大学生通过学习本单元的内容,可以树立科学的劳动观,培养吃苦耐劳、埋头实干的劳动精神,树立劳动安全和劳动保护的意识,形成在劳动实践中发现问题、展开研究、整合知识、解决问题,变单一的体力劳动为具有思维含量的创造性劳动的意识,让劳动教育落地生根,开花结果;让劳动教育凸显实效,绽放魅力;让劳动教育为学生的终身发展和人生幸福奠基。

第一节 劳动的概念

学习目标
(1) 理解劳动的概念,明确劳动的含义。
(2) 认识劳动的特征,初步了解劳动在人类社会中的地位与作用。
(3) 了解劳动的意义,树立正确的劳动观。

一、劳动的概念

案例链接

大学生淘粪工上岗 经严格考核脱颖而出

淘粪工这个入不了很多人法眼的职业,却在济南市环卫局出现了激烈竞争的火爆场景。2010年3月2日,5名大学生淘粪工正式签约拜师,他们分别来自济南大学、沈阳建筑科技大学、山东经济学院和山东政法大学。3男2女,其中4人是本科学历,1人是大专学历,这5名大学生是从391名报考者中"脱颖而出"的。

据了解,此次被录取的王延峰、邢鸿雁就出自"淘粪世家":王延峰的姥爷是著名的全国劳模淘粪工人时传祥,爷爷曾是肥料厂工人,父亲是淘粪工;而邢鸿雁的父亲也是淘粪工。

劳动是人类社会存在和发展的最基本条件,劳动在人类形成的过程中,起着决定性作用。劳动是人类的本质特征,社会上一切的物质财富与精神财富都来源于劳动。可以说,没有劳动,就没有人类生活。

劳动是人类特有的,为满足自身的物质需要和精神需要,有目的地调整及控制人和自然界之间的物质变换过程的一种改变自然物的社会实践活动。恩格斯在《劳动在从猿到人转变过程中的作用》一文中指出,在一定意义上说,"劳动创造了人本身"。所谓劳动,是指人们运用一定的生产工具,作用于劳动对象,创造物质财富和精神财富的有目的的活动。

根据劳动复杂程度的不同,可以把劳动划分为简单劳动和复杂劳动。简单劳动是指在一定的社会条件下不需要经过专门训练,每个普通劳动者都能从事的劳动;而复杂劳动则是简单劳动的对称,是指需要经过专门学习和训练,从而在技术上比简单劳动复杂的劳动,它等于强化了的简单劳动。

根据劳动所依靠的主要运动器官的不同,可以将劳动划分为体力劳动、脑力劳动和生理性劳动。体力劳动是指以人体肌肉与骨骼的劳动为主,以大脑和其他生理系统的劳动为辅的人类劳动;脑力劳动是指以大脑神经系统的劳动为主,以其他生理系统的劳动为辅的人类劳动;生理性劳动是指体力劳动和脑力劳动以外的其他形式的人类劳动。一般的人类劳动由脑力劳动、体力劳动和生理性劳动按照不同的比例关系组合而成。

通常意义上的脑力劳动是指那些脑力劳动占主要比例的复合劳动,体力劳动是指那些体力劳动占主要比例的复合劳动,生理性劳动是指那些生理性劳动占主要比例的复合劳动。例如,人的生产过程虽然以生理性劳动为主,但也伴随一定的体力劳动和脑力劳动。另外,劳动具有两重性,即抽象劳动和具体劳动。抽象劳动是指撇开劳动的具体形式的一般的、无差别的人类劳动。抽象劳动没有质的差别,只有量的差别。抽象劳动是价值的源泉,在价值中不包括任何一个自然物质的原子,但抽象劳动不等于价值,抽象劳动只有凝结到商品中才能产生价值。具体劳动(又称为有用劳动)创造了商品的使用价值。

案例链接

铁人王进喜与铁人精神

中华人民共和国成立后,广大人民成了国家的主人,人民的劳动热情倍增。振兴中华,改变祖国一穷二白的落后面貌,成了人民群众共同的愿望和行动。被称为"铁人"的王进喜就是胸怀祖国、发愤图强的一代工人的典型。

王进喜本是玉门石油矿的一名普通工人,可他一心为国分忧。当他看到汽车没油烧,在车顶上放着大大的煤气包,靠烧煤气行驶时,他难过得吃不好、睡不着,心想:"我是石油工人,现在国家缺油,我有责任啊!"不久,他被调到大庆,参加了开发新油田的会战,他兴奋得像有使不完的劲儿,恨不得一拳头砸出一口井来。没有住房,他和大家住在刚打垒的简易棚子里,吃冷饭、睡地铺。钻井机到了,可没有吊车钻井机下不了火车,他一声呐喊,带着工人用绳子拉、肩膀顶,终于把机器卸了下来,运到了工地。第一座井架竖起来了,没有水灌井,他和工人们用脸盆、水桶,硬是把水一盆一桶地弄来,争分夺秒地开始钻井。发生井喷事故时,没有搅拌机,他纵身跳进泥浆池,用身体搅拌。他为什么要这样做?为的是尽快打出石油,改变祖国石油工业落后的面貌。

因为常年劳累,饮食没有规律,王进喜得了严重的胃病,经常疼得不能入睡。可他说:"宁可少活20年,也要拼命拿下大油田!"正是这种铁人精神,这种为国忘我的劳动精神,使大庆油田很快就建成了,使我国摘掉了石油工业落后的帽子。

二、劳动的特征

劳动作为拥有智慧的人类特有的活动,不仅拥有其本身所具有的特定含义,也拥有人类所赋予它的人文价值。这一既有主观性又有客观性的特殊活动,从此便有了更为深刻和持久的内涵。

(一) 劳动是有明确目的的改造自然的自觉性活动

在漫长的人类社会演进过程中,劳动扮演了非常重要的角色。劳动在人类认识世界和改造世界的过程中发挥了不可替代的作用,劳动将人类社会和自然界区分开来。劳动是一种充满人类主观能动性的客观物质活动。首先,劳动具有目的性。劳动是人类社会为满足生存和发展的需要而进行的物质生产活动。其次,劳动具有主观性。人类在劳动中认识和了解世界,也在劳动中影响和改变世界。最后,劳动具有客观性。劳动是一种具体的客观的行为方式,不会因为人的意志产生和发展,是产生于客观物质条件基础之上的客观行为。

(二) 劳动必须创造并使用一定的物质手段,主要是劳动工具

人类要想将头脑中观念性的东西变为现实性的东西,那就必须要进行社会实践活动,也就是劳动。人是能够制造工具并使用生产工具以从事生产劳动的动物,这一点将人与动物彻底分离开来。

知识链接

劳动工具

劳动工具又称生产工具,是人们在生产过程中用来直接对劳动对象进行加工的物件。它被用于劳动者和劳动对象之间,起传导劳动的作用。劳动工具是劳动资料的基本和主要的部分,是机械性的劳动资料。从原始人使用的石斧、弓箭,到现代化的各种各样的机器、工具、技术设备等,都同样起着传导劳动的作用,均属生产工具。

制造和使用生产工具是人区别于其他动物的标志,是人类劳动过程

独有的特征。人类劳动是从生产工具开始的,生产工具在生产资料中起主导作用。社会生产的变化和发展,始终体现在生产力的变化和发展上,且首先是从生产工具的变化和发展上开始的。生产工具不仅是社会控制自然的尺度,也是生产关系的指示器。马克思说:"手推磨产生的是封建主为首的社会,蒸汽磨产生的是工业资本家为首的社会。"

生产工具的内容和形式是随着经济和科学技术的发展而不断发展变化的。早期的生产工具(石木工具、金属工具)是劳动者依靠自身的体力,用手操纵的;后来的机器则包括工具机、动力机和传动装置三个部分,形成了复杂的体系;而现代的自动化机器体系,又增加了以电子计算机为核心的自控装置。生产工具日益复杂化、精良生产走向工具化,是推动社会生产力发展的一个重要因素。生产工具的出现是必然的,是人类在发展过程中的一个必然的进步,让人类的双手解放了出来。

(三)劳动的对象具有广泛性

劳动是以人类自身为主体去改造整个世界并创造人化世界。劳动的对象既可以是有形的,如土地、房屋等;也可以是无形的,如思想、伦理、价值观等。总之,劳动的对象是丰富多样的。人使用劳动工具作用于劳动对象,通过这种方式,人类可以认识并改造世界,从而创造出自然界没有的东西。

(四)衡量人类劳动的尺度具有多维性

衡量人类劳动的尺度包括真理尺度、价值尺度和审美尺度,即真、善、美的统一。

知识链接

几种典型的劳动量度量方法

不同形式的劳动量到底如何统一度量,是关系到劳动价值论是否成立的问题。要对劳动量进行统一度量,就必须找到劳动的共同属性(或通约性)。然而,人类的一般劳动过程存在若干通约性,究竟应该采用哪种通约性来作为劳动量统一度量的基本尺度才是最佳的,关于这一问题长期以来存在着激烈的争论。

1. 以消耗时间的形式来度量劳动量。

劳动过程的第一个通约性,即所有劳动都需要花费一定的时间。李嘉图提出用最不熟练的劳动者在最劣等生产条件下生产一定量商品所耗费的劳动时间来度量劳动量,按照这种方法所得出的商品价值量是一个随机的、不可确定的量,它会随着不同"最不熟练劳动者"的劳动耗时的变化而变化,也会随着不同"最劣等生产条件"的变化而变化。马克思提出用"社会必要劳动时间"来度量商品价值量,即"用平均熟练程度的劳动者在社会现有的标准生产条件下,生产一定量商品所耗费的劳动时间来度量劳动量"。

2. 以身体化学变化的形式来度量劳动量

从人体内发生化学变化的角度来看,劳动过程还有第二个可通约性,即劳动者的身体内部会发生一系列生物化学变化,测量这些化学变化的形式和程度可以近似地了解劳动量的耗费情况。

劳动就是向外界输出能量、物质和信息的过程,建立在人体内部各个器官、组织和系统的生理运动的基础之上,而每种形式的生物运动都会发生相应的生物化学变化。随着科学技术的不断发展,这些化学变化可以被越来越充分地、准确地测量出来,从而有可能精确地计算出劳动者的劳动耗费量。格格夫在《论各种物理力的相互作用》中提出:"一个人在24小时进程中完成的劳动量,可以由身体化学变化的研究近似地予以确定,因为物质的转化形式,是动力业经发生作用的程度的指标。"

3. 以牺牲安乐的形式来度量劳动量

从主观意识的角度来看,劳动过程还有第三个可通约性,即增加了劳动者一定形式和一定程度的痛苦,或牺牲了劳动者一定形式和一定程度的安乐、自由与幸福,因此,亚当·斯密提出用劳动者在劳动时所牺牲的"安乐、自由与幸福"的量来衡量其劳动耗费量。

劳动者所付出的劳动量是一个客观值,由此而感受到的痛苦的增加量或安乐的减少量却是一个主观值。主观值虽然可以反映客观值,但这种反映会受多种主观因素的制约而产生一定的偏差,因此劳动者所牺牲的"安乐、自由与幸福"的量并不能准确地反映出他的劳动耗费量。

此外,劳动者在许多情况下所进行的劳动并不意味着牺牲了"安乐、自由与幸福",因为有些劳动本身包含着快乐。只有在生产力水平低下的社会里,劳动才是一种负担,是一种谋生手段,枯燥的、繁重的、压抑个性的劳动会给劳动者带来直接的、明显的肉体和精神上的痛苦。

这时劳动给劳动者所带来的痛苦增加量或安乐减少量可以近似地反映劳动量的付出情况。随着社会生产力的不断发展,直接的劳动时间不断缩短,劳动强度不断下降,劳动复杂度不断上升,劳动与生活逐渐相互渗透,劳动所带来的、可以感受到的痛苦越来越少,劳动本身将逐渐成为人们的"第一需要",这时再以牺牲安乐的量或感受痛苦的量来度量劳动量将显得越来越不准确。

4. 以支付工资的形式来度量劳动量

在商品经济社会,作为商品的劳动力用工资或口粮就可以购买到,因此劳动过程还有第四个可通约性,即劳动量可以用工资或口粮来获取。

配第在研究"在劳动和土地之间发现一种自然的等价关系"时,就提出可以用工资或口粮来度量工人的劳动量。亚当·斯密也认为,商品的价值是由它所购买的劳动来决定的,即商品的价值是由工资来决定的。工资的本质在于购买生活资料,用以补偿劳动者的劳动耗费,从而维持劳动者自身的简单再生产或扩大再生产。虽然,劳动耗费量与工资之间存在着某种对应关系,但是,采用支付工资的形式来度量劳动量的方法至少存在如下问题:

(1)工资是劳动耗费量的市场反映值,而不是客观值,市场反映值围绕客观值上下波动。当劳动力市场的供大于求时,工资就要小于劳动耗费量;当劳动力市场的求大于供时,工资就要大于劳动耗费量;只有当劳动力市场处于供求平衡时,工资才可能等于劳动耗费量。即使如此,工资的变化情况还受许多具体的主观和客观偶然因素的影响。

(2)工资收益并不是劳动者的全部实际收入,许多无形的收入如单位福利和社会福利构成了工资收入的一部分,许多无形的负担如单位负担或社会负担将降低工资的实际效用,这将使工资与劳动耗费量进一步脱节。

(3)工资以货币为度量单位,货币本身也是一种商品,其价值含量也是一个可变的量,因此以货币为单位来衡量某一事物的劳动量和劳动价值量,也必然是一个不确定的量。

不过,采用支付工资的形式来近似地度量劳动量和劳动价值量,具有较好的灵活性和简便性。

5. 以使用价值产出的形式来度量劳动量

如果用生产系统的使用价值产出量来描述劳动价值,则存在另外一些问题:

(1)一般情况下,劳动耗费量与劳动过程的使用价值产出量往往没有严密的对应关系。有时,劳动耗费量增长很大,但使用价值产出量却增长很小,特别是当劳动强度接近生理极限时,使用价值产出量几乎没有明显的增长。

(2)使用价值产出量受到众多因素,如生产手段、生产工具、环境条件、风险概率等的影响,从而表现出较大的变动性和不确定性,因而难以准确反映劳动量或劳动价值的耗费情况。例如,有些人虽然付出了巨大的劳动,但因种种原因失败了,另一些人因碰到好的机遇很容易就取得了成功;有些人因有良好的生产条件而取得了较多的收益,而另一些人则因恶劣的生产条件而毫无所获。

在日常的生活中,人们常常以一个人所取得成绩的大小来判断这个人所付出的劳动量,实际上这是不客观、不公正的。通过以上分析可以发现,用使用价值产出量来描述劳动价值是笼统的、不精确的,也是不客观的。

三、劳动的意义

案例链接

习近平的"劳动观"

全面建成小康社会,进而建成富强民主文明和谐的社会主义现代化国家,根本上靠劳动、靠劳动者创造……劳动是人类的本质活动,劳动光荣、创造伟大是对人类文明进步规律的重要诠释。"民生在勤,勤则不匮。"中华民族是勤于劳动、善于创造的民族。正是因为劳动创造,我们拥有了历史的辉煌;也正是因为劳动创造,我们拥有了今天的成就。

——2015年4月28日,习近平在庆祝五一国际劳动节暨表彰
全国劳动模范和先进工作者大会上的讲话

劳动是一切成功的必经之路。当前,全国各族人民正满怀信心为实现"两个一百年"奋斗目标而努力。实现我们确立的奋斗目标,归根到底要靠辛勤劳动、诚实劳动、科学劳动……劳动,是共产党人保持政治本色的重要途径,是共产党人保持政治肌体健康的重要手段,也是共产党人发扬优良作风、自觉抵御"四风"的重要保障。

——2014年4月30日,习近平在乌鲁木齐接见劳动模范和先
进工作者、先进人物代表,向全国广大劳动者致以五一劳动节问候

人民创造历史,劳动开创未来。劳动是推动人类社会进步的根本力量。实现我们的奋斗目标,开创我们的美好未来,必须紧紧依靠人民、始终为了人民,必须依靠辛勤劳动、诚实劳动、创造性劳动。劳动是财富的源泉,也是幸福的源泉。人世间的美好梦想,只有通过诚实劳动才能实现;发展中的各种难题,只有通过诚实劳动才能破解;生命里的一切辉煌,只有通过诚实劳动才能铸就。

——2013年4月28日,习近平来到全国总工会机关,同全国
劳动模范代表座谈并发表重要讲话

劳动是创造物质世界和人类历史的根本动力,劳动和劳动者都是神圣光荣的。劳动是一切社会财富的源泉,按劳分配是合乎正义的分配原则,不劳而获、少劳多得可耻不义。劳动价值是由人类自身机体所产生的,是由人在劳动过程中所释放出来的,是人的劳动能力的价值体现。

(一)劳动创造人类

劳动是人类适应自然和改造自然的独特方式。恩格斯说:"首先是劳动,其次是语言和劳动一起,成为猿人发展的主要推动力,猿的脑髓逐渐变成了人的脑髓。"劳动创造智慧,智慧创造生产劳动工具。人类发明制造劳动工具,让劳动创造获取了更多的价值。如果没有劳动,便没有发明与创造,那样人类社会将永远停留在原始、野蛮的古代社会,根本不会创造出现在如此灿烂辉煌的物质财富和精神财富。劳动是人类生存的需要,也是安全的需要、爱的需要、发展的需要,还是人自我实现的需要。

(二)劳动开发思维

人类的思维活动离不开实践活动,而智力的核心是思维能力。实践活动既有学习活动,又有创造活动,而劳动则兼有学习与创造两个功能。例如,在劳动中,大学生往往会遇到课堂上、书本里没有的问题,这就会引起大脑的思维活动,大学生就要对劳动的结果有所预想,就要思考达到目的的过程。当大学生克服了劳动中的困难,解决了劳动中的问题,看到了自己的劳动成果,便会获得成功的喜悦,这将进一步激发他们的求知欲,增进他们的学习兴趣,促进他们的智力发展。而这一过程在其他活动中是难以实现的。

案例链接

最美清洁工　20 年未过春节

新春佳节家家户户燃放烟花爆竹,欢度春节,却给环卫工人增加了繁重的工作量,春节期间他们的工作量比平常至少增加了两三倍。李萍叶是七里河城管局清扫所清扫二站的环卫工人,她当环卫工人这 20 多年来,每年春节基本上都在马路上清扫垃圾。

春节期间,李萍叶每天都把闹铃调到凌晨 3 点钟,从安西路的家骑车 10 余分钟,抵达负责清扫的路段。大年三十由于燃放的烟花爆竹比较多,她和同事们凌晨 2 点钟就出动了。以往上最早班时一天能清扫两三车垃圾,春节期间,经常一天就能扫五六车垃圾,除夕和元宵节还会更多。

烟花爆竹遍地开花，纸屑和残渣随风乱飘，有些还刮到了绿化带里，清扫难度也增大了。经常还会有前脚刚扫完，后面又有居民燃放鞭炮产生纸屑的情况发生，她们只好回过头再次清扫，从早到晚要来来回回扫好多遍。

(资料来源：《西部商报》，2012-01-30，有删节)

(三) 劳动培养吃苦耐劳精神

劳动不仅是一种生活体验，而且是锻炼我们动手能力、社会实践能力的重要途径，更是培养我们尊重劳动、勤俭节约、劳动光荣等价值观的重要方式。虽然当今社会存在大学生就业难等问题，但是最让学校老师和企业头疼的是有相当多的大学生在企业里干不了几天就辞职走人了。他们没有坚定的意志，缺乏吃苦耐劳的精神。因此，大学生在学校时就应多参与一些力所能及的劳动，在劳动中要勇于挑战自我，使自己敢于吃苦，乐于吃苦，从而培养吃苦耐劳的劳动精神。随着社会的进步、科学的发展，大学生在未来社会所从事的劳动越来越依靠智力而不是体力。尽管如此，基础劳动依旧是必需的，脑力劳动不会完全替代体力劳动。

(四) 劳动培养责任意识

劳动是衡量一个人综合素质的最后形式，通过劳动教育，人的道德、知识、能力和素质可以得到全面、综合的提升和展示。劳动教育，有助于培养大学生独立自主的生活和生存能力；有助于增强大学生的公民意识和社会责任感。国内外大量的调查研究表明，人们从小养成劳动习惯，长大后更可能具有责任心，也更容易适应家庭生活和职场工作的需要，而不爱劳动的人恰恰相反，他们可能成为生活与职场的失败者。

案例链接

从洗马桶到世界旅馆业大王

一个年轻人在一家星级酒店得到了第一份工作——在卫生间清洗马桶。他因此心灰意冷，十分消沉。难道自己的人生就是从马桶开始，沿着马桶一直走下去吗？这时，一位长者适时地出现在了这位年轻人的面前。长者什么多余的话都没说，就亲自动手清洗马桶示范给他看。年轻人漫不经心地站在旁边瞧着。等清洗完毕，马桶内外光洁如新。长者从马桶里盛出一杯水，当着年轻人的面一饮而尽。这杯不同寻常的水，给了这位年轻人极大的震撼！

从此，这位洗马桶的年轻人仿佛脱胎换骨，每天兢兢业业地踏实工作，工作质量达到了无可挑剔的程度。终于有一天，他也可以从自己洗过的马桶里盛出一杯水,不皱眉头地喝下去……

这位年轻人就是后来赫赫有名的世界旅馆业大王——康拉德·希尔顿。

(五)劳动培养劳动价值观

思想决定行动,树立什么样的劳动价值观很重要,因为它直接影响着人们对劳动的态度和行为。教育的本质是培养人,从人的发展视角来看,其根本目的就是全面提高劳动者的素质,为了实现这一目的,每个人必须克服轻视劳动教育的观念,把劳动教育提高到全面贯彻教育方针的高度来认识。劳动教育是德育、技术意识、创新意识和文明意识相互作用与统一的一门课程,具有其他学科不可替代的育人功能。新时代的劳动教育是中国特色社会主义教育制度的重要内容,直接决定着大学生作为社会主义建设者和接班人的劳动精神面貌、劳动价值取向和劳动技能水平。因此要重视大学生的劳动教育,使他们树立正确的劳动观,以劳动为荣,把劳动当作一种乐趣融入物质和精神生活中。

案例链接

劳动造就美德

习近平总书记指出:"劳动是财富的源泉,也是幸福的源泉。人世间的美好梦想,只有通过诚实劳动才能实现;发展中的各种难题,只有通过诚实劳动才能破解;生命里的一切辉煌,只有通过诚实劳动才能铸就。"

人类不但凭借劳动满足最基本的生存需要,实现社会财富的创造和积累,而且,在根本上,人类最终也要通过劳动来实现人之为人的自由本质。因此,在马克思和恩格斯看来,劳动不仅创造了人本身,意味着人的本质力量的对象化,而且,真正自由的劳动将构成人的第一需要。日常生活的延续离不开劳动,美好生活的实现更有赖于勤勉而高效的劳动。在劳动的过程中,精湛的技艺、积极的合作和平等的对待都特别重要。在这个意义上,劳动不仅创造了财富,而且造就了美德。

只有在社会主义条件下,劳动才可能不再因为受制于资本的贪婪而沦为追逐利益的单纯手段;只有在社会主义条件下,"劳动者"才可能构成社会成员的"第一身份"或"共同身份",从而保障社会和法律层面的平等;也只有在社会主义条件下,劳动才可能重新恢复其内在价值,重新构成一种在社会中造就美德、展现卓越、获得嘉许的实践基础。也就是说,只有在尊重劳动、尊重劳动者的社会形态中,即社会主义社会中,社会成员的卓越、优秀与完善,亦即,我们作为社会成员的美德,才会现实地同劳动建立起直接而内在的关联。

(六)劳动是个人和家庭幸福的源泉

幸福是个人由于理想的实现或接近而引起的一种内心满足。追求幸福是人们的普遍愿望。幸福既包括物质生活,也包括精神生活;幸福不仅在于享受,而且在于劳动和创造。在科学技术日新月异的今天,要求大学生必须具备多方面、多层次的劳动能力和勤奋工作的态度才能适应未来社会。不论将来从事什么工作,都需要有动手的技能技巧,这与知识的掌握既有联系又有区别。如果大学生在成长过程中就珍惜动手机会,有意识地培养自己的动手动脑能力来解决生活中的问题,久而久之,就会使自己形成动手动脑的好习惯,在未来社会中便能更好地适应生活和工作的需要。正如习近平总书记提出的:劳动是财富的源泉,也是幸福的源泉。人世间的美好梦想,只有通过辛勤劳动、诚实劳动和创造性劳动才能实现;发展中的各种难题,只有通过劳动才能破解;生命里的一切辉煌,只有通过辛勤劳动和诚实劳动、创造性劳动才能铸就。

课后活动

关于"大学生快递脏衣服回家"现象的调研

1. 活动目标

通过调研让学生充分认识到劳动的意义和价值,热爱劳动,崇尚劳动,积极参加劳动。

2. 活动时间

一周时间。

3. 活动流程

(1)教师向学生说明调研的背景和现象。

2014年3月9日,在全国两会新闻中心举行的网络访谈中,国家邮政局市场监管司副司长说,高校的快递业务有很大一部分是学生把积攒一段时间的衣服寄回家去,家里洗完之后再通过快递寄回来。

"大学生将脏衣服快递回家洗"的现象折射出家庭教育与社会教育的缺失。大学生寄脏衣服回家洗,虽然不是普遍现象,但仍反映出一些家长、教师和学校急功近利的心理,一些父母从孩子小时候就对他们的衣、食、住、行全部代为操办,从而造成大学生独立生活能力逐步缺失的现象。

由于父母过度溺爱造就的"小皇帝""小公主"越来越多,甚至出现了很多没有"断奶"的大学生。除了邮寄脏衣服的,甚至还有父母买张机票将自己"邮寄"到孩子宿舍,给孩子洗完衣服后,再把自己"邮寄"回家的。

(2)教师将学生按照4~6人划分小组,以小组为单位进行调研。

(3)调研结束后,每个小组提交一份调研报告。

(4)每组推选一人陈述本组调研结果,其他小组可以对其提问,小组内其他成员也可以回答其他小组提出的问题;通过问题交流,将每份调研报告中的问题都弄清楚。

(5)教师进行归纳、分析,总结这种现象背后的原因,引导学生从自身做起,减少此类现象的发生。

(6)教师结合调研报告和整个活动过程中各组的表现为各个小组赋分。

第二节 劳动教育理念的形成

学习目标
(1)认识马克思主义劳动观的概念和内涵。
(2)了解陶行知教育思想的内涵和核心。

一、马克思主义劳动观

案例链接

用实干践行马克思主义劳动观

习近平总书记在五一国际劳动节前夕,给中国劳动关系学院劳模本科班的同志们回信,站在坚持和发展新时代中国特色社会主义的战略高度,勉励全国劳动模范"珍惜荣誉、努力学习""用你们的干劲、闯劲、钻劲鼓舞更多的人,激励广大劳动群众争做新时代的奋斗者",强调"社会主义是干出来的,新时代也是干出来的",重申"劳动最光荣、劳动最崇高、劳动最伟大、劳动最美丽",号召"全社会都应该尊敬劳动模范、弘扬劳模精神,让诚实劳动、勤勉工作蔚然成风"。这些重要思想,开辟了马克思主义劳动思想新境界。

习近平总书记在回信中,进一步丰富了劳动的范畴,把劳动与开创中国特色社会主义新时代联系起来,实现了劳动"事实"与劳动"价值"的高度统一,马克思主义的劳动历史观与劳动认识论的高度统一,赋予了劳动以解释、改变、伦理、审美的时代内涵,拓宽了劳动视界,升华了劳动的本质。

习近平总书记指出:"劳动是财富的源泉,也是幸福的源泉。人世间的美好梦想,只有通过诚实劳动才能实现;发展中的各种难题,只有通过诚实劳动才能破解;生命里的一切辉煌,只有通过诚实劳动才能铸就。"马克思说过:"如果我们选择了最能为人类而工作的职业,那么,重担就不能把我们压倒,因为这是为大家做出的牺牲;那时我们所享受的就不是可怜的、有限的、自私的乐趣,我们的幸福将属于千百万人,我们的事业将悄然无声地存在下去,但是它会永远发挥作用,而面对我们的骨灰,高尚的人们将洒下热泪。"作为伟大的革命家、思想家,马克思立志为人类的幸福而斗争,强调劳动改变人生,劳动改变世界,赋予了马克思主义以通过劳动观察时代、解释时代、引领时代的哲学智慧。

习近平总书记在回信中,把劳动与人生、荣誉联系起来,提出"希望你们珍惜荣誉、努力学习,在各自岗位上继续拼搏、再创佳绩,用你们的干劲、闯劲、钻劲鼓舞更多的人,激励广大劳动群众争做新时代的奋斗者",这就给劳动赋予了高尚的人生追求和特殊时代意蕴,实现了普通劳动者的人生价值与开辟中国特色社会主义新时代的高度统一。

(资料来源:《光明日报》,2018-05-23,有删节)

(一) 劳动观的概念

人们在劳动的过程中,总会形成对劳动的看法和认识,这就是劳动观。劳动观反映着劳动者对劳动的态度,决定着劳动者在劳动过程中的行为。劳动观作为意识形态领域的内容,与人生观、世界观是一脉相承的,劳动观生动地反映着人生观、世界观。随着经济的发展和科技的进步,劳动被赋予了新的内涵。只有树立正确的劳动观,才能让自己更好地懂得尊重劳动人民,更好地珍惜自己的劳动成果,并以热情饱满的劳动态度积极投入到社会劳动生产过程中,从而不断提高劳动生产率,为社会创造出更加丰富的物质财富,同时还能够促进个人的全面发展。

一个人只有树立了正确的劳动观,才能自觉强化劳动意识,用双手和智慧去创造人生,实现自己的理想,并对人生观、世界观的形成起到积极的作用。

案例链接

行行出状元　快递小哥评上杭州市高层次人才

快递小哥李庆恒,被评定为"高层次人才"并获得 100 万元购房补贴的新闻火了。只有高中学历的他,在普通人眼里,"高层次人才"跟他就是截然对立的两面。95 后的李庆恒,高中毕业后就开始独自闯荡社会,在不起眼的快递行业已工作了 5 年。从客服岗到一线快递员工,李庆恒的能力也在不断提升,真所谓厚积薄发。在被领导认可了娴熟的业务能力后,李庆恒被指派参加了快递员有奖比赛,那也是他第一次参赛,就捧回了一个奖杯。此后,每年的比赛他都会参加,即使在最难的环节,李庆恒也能带领团队突破难关,结果就是比赛证书铺满了整个桌子。而在浙江省第三届快递职业技能竞赛中,李庆恒更是带领团队拿下了金牌大奖,此次比赛的含金量较高,李庆恒最终获评杭州市"高层次人才"。

随着快递业的迅猛发展,需要的快递员越来越多,对技能的要求也越来越高。俗话说"三百六十行,行行出状元",李庆恒的热情和努力,为他带来了许多荣誉和奖金,而这些荣誉和奖金是支撑他继续前行的力量。新时代大学生,更应该树立正确的劳动观,干一行,爱一行,在喜欢的领域努力钻研,终有出彩的一天!

(二)马克思主义劳动观

马克思认为,"全部人的活动迄今都是劳动"。劳动是马克思思想体系的核心观念,是马克思主义理论研究的基础。马克思把劳动比喻成整个社会为之旋转的太阳,劳动是人类生存的本质,人类的发展过程就是劳动的发展史。马克思主义对劳动的论述,主要体现为劳动本质论、劳动价值论以及劳动解放论。

1.劳动本质论

"人的本质"是什么?这一直是困扰哲学界的一个重要命题。马克思认为劳动是人的本质,人的本质是一切社会关系的总和。

(1)劳动创造了人本身。

恩格斯在《劳动在从猿到人转变过程中的作用》一文中,详细描述了劳动在人类从猿进化为人的过程中的作用。会使用和创造劳动工具把人类社会与猿群世界区分开来。劳动使人学会直立行走,并且劳动创造了语言。

(2)劳动创造了人类生活。

马克思和恩格斯在《德意志意识形态》中明确指出:"全部人类历史的第一个前提无疑是有生命的个人的存在。"而"有生命的个人"之所以能够存在,最主要的原因是他们能通过自己的劳动来创造和生产物质生活资料。因此,"第一个需要确认的事实就是这些个人的肉体组织以及由此产生的个人与其他自然的关系"。劳动的过程就是人通过自身的劳动作用于自然的过程,是人的本质力量与自然之间的一种物质交换过程,正是"通过实践创造对象世界,改造无机界,人证明自己是有意识的类存在物,就是说是这样一种存在物,它把类看作自己的本质,或者说把自身看作类存在物。"

(3)劳动是一切价值的创造者。

马克思认为,"劳动是一切价值的创造者。只有劳动才赋予已发现的自然产物以一种经济学意义上的价值"。恩格斯在《自然辩证法》中也同样有着明确的表述,"其实,劳动和自然界在一起才是一切财富的源泉,自然界为劳动提供材料,劳动把材料变为财富。但是劳动的作用还远不止于此。它是一切人类生活的第一个基本条件,而且达到了这样的程度,以致我们在某种意义上不得不说:劳动创造了人本身"。劳动是人类创造物质和精神财富的活动。

案例链接

光荣属于每一个劳动者——写在五一国际劳动节

心有灵巧画笔,绘就波澜壮阔的梦想宏图;手握精密刻刀,雕出气吞万里的锦绣河山。在这个属于劳动者的节日里,我们向全国工人阶级和广大劳动群众致以诚挚的节日祝贺!

中国梦,劳动美。正是劳动,让我们今天得以无比接近中华民族伟大复兴的目标。天舟与天宫"握手"太空,国产大飞机和航空母舰闪亮登场,雄安新区和北京城市副中心蓝图初绘,这些美好场景无不起始于辛勤、诚实、富于创造性的劳动。25年如一日的勘察得以发现巨型钼矿,攻克技术瓶颈推进汽车制造国产化,钻研动车疑难故障成就"活的百科全书",一个个全国五一劳动奖和全国工人先锋号获奖群体的事迹,让无数人感受到了榜样的力量、精神的光辉。中华大地上,千千万万劳动者以高度的主人翁责任感、卓越的劳动创造和忘我的拼搏奉献,在平凡的岗位上做出了不平凡的业绩,更在民族复兴的伟大征程中实现了人生价值,书写了无上荣光。

劳动是一切成功的必由之路,劳动是创造价值的唯一源泉。纵观国际格局,一个国家的发展能否抢占先机、赢得主动,越来越取决于国民素质特别是劳动者素质。放眼国内大势,落实新发展理念,推进供给侧结构性改革,实施创新驱动发展战略,孕育一支宏大的高素质产业工人队伍至关重要。改革发展召唤知识型、技术型、创新型高素质劳动者,社会进步也需要劳动精神、工匠精神、创新意识的引领带动。学习新知识、掌握新技能、增长新本领,在推进供给侧结构性改革中发挥主力军作用,工人阶级和劳动群众就能奏响"劳动光荣、创造伟大"的时代之歌,谱写劳动托举中国梦的新篇章。

劳动和创造,离不开知识的浸润。我们身处的时代,知识经济以前所未有的力度重塑着劳动形态和劳动观念,张扬人才价值、重视知识创新是时代的要求。在冲刺全面建成小康社会的关键一程上,我们比以往更加需要知识和知识分子;知识分子、技工技师、海归人才等各类人才也比以往拥有更加宽阔的舞台。广纳英才,汇聚众志,实干为先,加快形成有利于干事创业的体制机制,让各类人才把才华和能量充分释放出来,决战决胜全面小康就能早日成为现实。广大知识分子胸怀大局、心有大我,多为推进党和人民事业发展献计出力,多面向经济社会发展主战场、面向人民群众新需求创新攻关,必能在时代的洪流中绽放人生的华彩。

劳动和创造,最需要制度的呵护。党的十八大以来,以习近平同志为核心的党中央心系广大工人阶级和劳动群众的生产生活和职业发展情况,高度重视解决职工群众最关心、最直接、最现实的利益问题。从围绕收入、健康、休息等劳动者的切身权益深化改革,到实施积极的就业创业政策托底民生保障,党和国家的政策关怀,鼓舞起亿万劳动者向着梦想实干奋进的决心和信心。去产能、去库存、去杠杆、降成本、补短板,深化供给侧结构性改革,实现产业转型升级,我们必然面临调整的阵痛、成长的烦恼。越是这样的时候,越需要我们更好坚持以人民为中心的发展思想,结合时代特点和现实要求,把全心全意依靠工人阶级的方针真正落实好,努力做好职工的思想引导、转岗安置、就业培训等工作,确保分流职工就业有出路、生活有保障,致力建构和谐劳动关系,捍卫劳动者的尊严。

每一滴汗水都折射太阳的光芒,每一份付出都照亮梦想的天空。全面建成小康社会,每一个劳动者都是主角。尊重劳动、尊重知识、尊重人才、尊重创造,焕发实干兴邦的劳动热情和创造激情,我们一定能用勤劳的双手创造属于自己的幸福和光荣。

(资料来源:《人民日报》,2017-04-30)

(4)劳动创造了社会关系。

劳动不仅创造了人与自然的关系,而且形成了人与人之间(即"劳动资料的占有和使用关系,劳动的分工和协作关系,劳动产品的交换、分配和消费关系等")的关系,以及人与主观意识之间的关系,而这些关系成为人类社会的基本关系。社会是人类劳动的产物,是劳动活动的展开形式,也必将随着劳动的发展而发展。

2. 劳动价值论

劳动价值论是马克思关于劳动创造商品价值及商品生产、交换遵循价值规律的理论,详细阐述了商品经济的本质和运行规律。

(1)生产商品的同一劳动可以分为具体劳动和抽象劳动。具体劳动创造使用价值,抽象劳动创造价值。而具体劳动与抽象劳动是生产商品劳动的两种形态,是同一劳动的两个不同的方面,不是生产商品的两次劳动。

(2)抽象劳动内在的属性是生产商品的过程中人类脑力或体力的支

出(人类的一般劳动),其外在的属性则是生产商品创造价值的劳动,其抽象劳动创造的价值则是商品经济社会特有的经济特征。马克思认为,在一切社会状态下,劳动产品都是使用物品,但只是历史上一定的发展时代,也就是生产一个使用物品耗费的劳动表现为该物品的"对象的"属性,即它的价值的时代,才使劳动产品转化为商品。

(3)抽象劳动内化为商品的价值,外化为商品的交换价值。正如马克思所说:"我们实际上也是从商品的交换价值或交换关系出发,才探索到隐藏在其中的商品价值。"这种体现着商品生产者之间平等交换劳动的社会关系正是以抽象劳动为内核。

案例链接

工匠精神:超越异化劳动的劳动解放

郭亮亮

在社会分工高度发达的今天,劳动者难以从单一的劳动中获得精神享受、生命价值和劳动意义,由此,劳动异化问题在某种程度上仍然存在。而工匠精神是全身心投入劳动生产、重塑劳动意义的精神,有助于消解异化劳动问题。所以,新时代,我们应以工匠精神指导生产劳动,引导劳动者将所有的情感、意志、思想、目的、创造性等投入劳动过程,在非功利性的创造性劳动中实现物我两忘、道技合一。应引导劳动者在生产活动中展现自己的本质力量和创造精神,以消解劳动目的与劳动过程、劳动主体与劳动对象、劳动内容与劳动形式之间的矛盾冲突。应引导劳动者专心致志地对待每道工序、每个零件、每个工艺,以创造艺术品的态度对待劳动产品,在劳动过程中获得精神超越和思想解放。

人的解放是与人被剥削、被奴役、被异化等相对应的存在状态,也是人类社会发展的价值理想和终极目标。马克思在《1844年经济学哲学手稿》中就曾用大量的笔墨阐述了异化的哲学范畴,用异化劳动表征了工业化大生产中的工人"无法再回避的、无法再掩饰的、绝对不可抗拒的贫困"和非人性的生存状态,并提出了消灭剥削制度、重塑生产关系等实现劳动解放的方法策略。马克思关于劳动解放的论述为人类社会发展指明了方向,但在生产力还不够发达的当代社会,我们只能以循序渐进的方式消解异化劳动、实现劳动解放,培育工匠精神则无疑是最有效的方法。因此,新时代,我们应培养劳动者的工匠精神,使其全神贯注地投入劳动,在劳动中获得精神享受以及劳动价值。我们应培养劳动者的非功利性精神,引导劳动者在追求完美品质、进行卓越制造中感受服务他人、服务社会的幸福和快乐。此外，还应将工匠精神融入公民意识教育以及价值观教育，将其转化为社会成员的价值信仰以及文化精神，促进人的自由解放以及全面发展。

（资料来源：人民论坛网，2019-01-29）

3.劳动解放论

劳动解放论是从劳动本质论和劳动价值论中得出的对科学社会主义的深刻表述，认为劳动的发展过程推动了人类史当中在自然和社会两方面的不断解放。首先，劳动解放是人类的智力的提高过程，是劳动工具的改进与经济形态的创新，而不是一种简单的政治行为或者政权的归属问题。其次，劳动者解放程度是衡量社会文明的尺度和标准，对劳动与劳动解放程度的促进或者倒退、保护或者破坏等，直接反映了社会的政治体系与制度模式的优劣。总之，劳动解放是全人类的共同使命，一切社会制度都必须遵从并致力劳动者的社会解放。

二、陶行知劳动教育思想

案例链接

20世纪初期，当时中国的教育方式仍受传统旧思想的桎梏，表现为教育脱离劳动、脱离实际，"教用脑的人不用手，不教用手的人用脑，所以一无所能"。为改进这种教育方式，陶行知提出将教育与生产劳动、社会生活密切结合，尤其强调："劳动教育旨在谋手脑相长，以增进自立之能力，获得事物之真知"，着重培养手脑并用的一代新人。只有当人的思考和双手紧密结合，当智慧在指尖生花，劳动才会愈加深刻内化为人的行为习惯，成为激发其学习动机和学习兴趣的事情，最终将创造的"工具"与"思维"有机统一。

囿于传统教育方式，中国劳心者与劳力者是相互分离的。学校中存在很多的劳心而不劳力者，社会上到处是劳力而不劳心者。在认真审视中国教育之不足与危害后，陶行知竭力探索和推动我国教育方式改革，在晓庄师范时期，提出："教学做合一""劳力上劳心，用心以制力"。

传统教育将王阳明"知是行之始，行事知之成"的教育观念奉为圭臬，把读书当作是知识的唯一来源，习之愈久，却止于实践，最终一无所知。因此，陶行知认为，"行"是知识的重要来源，是创造的基础。无论获取知识还是进行知识创造都要以"行"为载体，在实践中求真知，再进行创造。在学校中,他要求学生从事劳动,从劳动中获得知识,将知识应用于劳动,创造生活,劳动是工具或者方法,知识是目的,生活是指归,三者休戚相关,劳动教育只有寓于生产实践,社会生活才能迸发长久生命力。陶行知还将自己的名字从"知行"改为"行知",强调通过实践活动进行劳动教育获得真知,进而反哺课堂文化教育。

(资料来源:《教育进展》,2019-08-30)

在众多歌颂和提倡劳动的声音中,教育家陶行知对劳动意义、价值和路径的阐发,对当今"劳动教育怎么搞"这一难题,具有较大的启发意义。陶行知倡导"生活即教育、社会即学校、教学做合一",并且就劳动教育发表过许多论述。他给晓庄师范题写过一副对联:"以教人者教己;在劳力上劳心。""在劳力上劳心"可以说是陶行知教育思想的哲学根基,他提出"我们是主张在劳力上劳心,不是主张劳力与劳心并重""真正之做须是在劳力上劳心,用心以制力。这样做的人要用心思去指挥力量,便能轻重得宜,以明对象变化的道理。这种人能以人力胜天工。"

陶行知的思想,对劳动教育乃至于"五育"并举如何开展,都具有启发和指导意义。"五育"并举不是劳育就动动手、美育就动动眼、体育就动动腿、智育就动动脑、德育就动动心,而是手脑并用、心手相生。

即便体育也是如此,南开大学校长张伯苓被称为"中国注重体育第一人",其伟大之处就在于最早提倡体育不仅仅是为了强身健体,而是强调与涵养崇高的道德精神结合在一起,这也正是奥林匹克的精神。

劳动教育更是如此,掌握一定的劳动技能固然重要,但是通过劳动,达到在劳力上劳心的效果,实现道德的提升、智慧的增长、体质的强健、美感的涵养,才应该是劳动教育的真正内涵。

(一)劳动教育:陶行知教育思想的核心

当代学者大多倾向于把生活教育看作是陶行知教育思想的核心。假如在此基础上,我们继续开展细致而深入的研究,将会发现劳动教育才是陶行知教育思想的核心。

首先,我们先来了解陶行知所谓的生活和生活教育含义。陶行知明确指出:"有生命的东西,在一个环境里生生不已的就是生活。"显然,就人而言,生活就是衣食住行的集合,故谈起生活又离不开劳动,而劳动是人类创造物质或精神财富的活动。在陶行知看来,劳动对人类的进化起着决定性作用,既是社会赖以生存和发展的基础,也是人类生活的最基本条件。

他明确表示:劳动的生活即是劳动的教育,过什么样的生活便是受什么样的教育。劳动的本义是"做",劳动教育就是教学生如何"做"。关于"做"这个概念,陶行知做了大量的论述和说明。他说,"做"绝不是盲行、盲动,而是在"劳力上劳心","做"是指心到手到,恰当地运用身体和精神的力量,学会用心思去指挥力量,得出有关事物本质的认识,进而发明有益于人的东西。由此,陶行知又说:"生活教育是运用生活的力量来改造生活。"可见,劳动教育是生活教育的具体化,体现了生活教育的内容。劳动教育在陶行知教育思想中自然也就占据着核心地位。

其次,从教育目的来看,也能推知劳动教育是陶行知教育思想的核心。因为,教育目的就是培养什么人,而培养什么人正是教育工作的根本问题。陶行知认为:"劳动教育的目的,在谋手脑相长,以增进自立之能力,获得事物之真知及了解劳动者之甘苦。要想达到这个目的,非师生共同用手做事不可。"关于如何增进自立能力,他提出了"从野人生活出发"的观点,即面对生活中一个又一个的实际问题,人们需要想办法解决,决不能萎靡不振、苟且偷安。衣、食、住、行等各方面的问题,在体验野人的生活时都会得到极亲切的了解。归根到底,"我们从野人生活里感觉到人的身体是不足以应付环境的。我们觉得人类要想征服天然势力,必须发明、制造、运用身体以外的工具。我们自从体验了野人生活,便觉得工具万分重要,没有生活工具,简直不必空谈生活教育"。在这里,发明、制造和运用工具,本质上就是劳动,因此,从野人生活出发的教育,本质上就是劳动教育。

案例链接

劳动是最好的教育

习近平总书记在全国教育大会上发表重要讲话,对加快推进教育现代化、建设教育强国、办好人民满意的教育做出了全面部署。他在讲话中强调,要在学生中弘扬劳动精神,教育引导学生崇尚劳动、尊重劳动,懂得劳动最光荣、劳动最崇高、劳动最伟大、劳动最美丽的道理,使他们长大后能够辛勤劳动、诚实劳动、创造性劳动。

"教育必须与生产劳动相结合"曾经是学校教育的一个基本原则。随着时间的推移,劳动教育逐渐被悬置,并成为当今教育的一大痛点。我们把应对考试这件事做到了无以复加的地步,而劳动这一传统的美德却在学校里渐行渐远。人们在不经意间把主要精力都放在了学习上,家庭里父母习惯于包办,学校里老师习惯于"退而求其次",以至于日常的劳动被弱化,甚至把劳动当惩罚的手段,所以今天的学生距离劳动的环境越来越远。

实际上,在2013年六一儿童节前夕,习近平总书记就曾指出,"少年儿童从小就要立志向、有梦想,爱学习、爱劳动、爱祖国",强调"生活靠劳动创造,人生也靠劳动创造",希望广大中小学生"从小就要树立劳动光荣的观念,自己的事自己做,他人的事帮着做,公益的事争着做"。

新时代的教育要矫正"错位"的教育,要拉长"短板"的教育,要破解"瘸腿"的教育,努力构建德智体美劳全面培养的教育体系,形成更高水平的人才培养体系。这就要求中小学教育工作者要重拾劳动教育,擦亮劳动精神。

劳动是最好的教育。劳动即教育。劳动教育是基础性教育,它可以促进德智体美协同发展。劳动教育做好了,就可以更好地实现"以劳立品,以劳树德,以劳修行,以劳启智,以劳健体,以劳育美,以劳为乐"的综合效果。会劳动的人往往是会学习的人。中小学要引导学生树立"劳动最光荣、劳动最崇高、劳动最伟大、劳动最美丽"的劳动审美观,把劳动作为最好的教育,真正做到"五育并举"、全面发展。

劳动是一种生活。劳动教育不是去开设多少相关的课程,而是让学生从身边的"小劳动"做起,让劳动成为一种生活。陶行知当年倡导共教、共学、共做、共生活,他曾创编过一首儿歌:"流自己的汗,才能吃自己的饭,自己的事你得自己干。"中小学生可以在劳动中学会自主、学会合作、学会主动做事情。学会劳动就学会了生存,学会了生活。

劳动是一种精神。我们常说,有一种美叫劳动美,有一种精神叫劳动精神。劳动才能有所得,才能有所获。每一位学生首先要做好一名劳动者,成为一名自食其力的劳动者。做好劳动教育就是培养学生生活自理能力,从而在劳动中发现生活的美,感知收获的快乐,让劳动精神滋养学生生命的完整成长。

当我们重视劳动教育时,有一点值得警惕,那就是不要将劳动教育过度课程化,更不要将劳动教育纳入考试。因为一旦被考试,就可能被异化,就可能被窄化。劳动是中华民族的传统美德,重视劳动不只是学校的事情,全社会都要重视劳动,让劳动变成学生生活的需要、成长的需要。如此,劳动才可能成为最好的教育。

(资料来源:《中国教师报》,2018-11-14)

(二)陶行知实施劳动教育的内容和途径

1.陶行知实施劳动教育的主要内容

劳动教育产生的最直接的效果体现在学生所需掌握的各种技能上,

由于这些技能与生活常识息息相关,故又称"常能"。陶行知把"常能"分为初级和高级两大类,初级常能大部分属于日常必备技能,如会烧饭做菜、洗补衣服、种菜种树、修理等,但其中也包含了做人做事的原则这类常能,如招待宾客时"会应对进退",主动帮助工友、农友以及同学等。高级常能则主要是面向未来社会发展的技能,以具有领导能力、会临时讲演最为典型,至于"会开汽车""会接电"的人,在当时的中国屈指可数,故属于高级常能。

在陶行知看来,学生掌握育才"二十三常能",是实现学生拥有"康健的体力、劳动的身手、科学的头脑、艺术的兴趣、团体自治的精神"的途径,最终的目的是期望学生在动手用脑方面有全面的发展,成为"完全志愿自立、立人"之人。自立是指人能够自衣自食、不依靠别人;立人则是指凭借自身的能力去帮助其他人。处于半殖民地半封建社会的中国,亟须培养自立的国民,让他们手脑并用,用手来化脑、用脑来化手,二者合拢起来就能创造新中国。学生在学习和掌握管账、修理、翻译、打字等技能的过程中,可以锻炼手和脑的协调性,以此通晓科学知识,若可以恰当运用科学方法,则可为国家发展贡献自己的力量。

案例链接

拜人民为老师

早在创办晓庄师范学校的时候,陶行知就提出了"生活即教育""社会即学校"和"教学做合一"等理论,教导师生们向劳动人民学习,"教人民进步者,拜人民为老师"。

山海工学团刚成立的时候,农民的孩子有了读书的地方,烧香拜佛的红庙成了教室,可是孩子们没有学习用的桌椅。上课的时候,孩子们就带来自己的凳子,有大有小,高低不一。一星期以后,学校请来了木匠师傅,他闷着头做凳子,一天能做好几个。

陶行知走近时,看见木匠师傅满身是汗,就递给他一杯水,说:"我们不是请你来做凳子的。"木匠疑惑地望着陶行知说:"那叫我来做什么?""我们是请你来做'先生'的。""我可不识字。"木匠慌了。陶行知笑着说:"我是请你来指导学生做木工的。你如果教会一个人,就可得一份工钱。如果一个人也没教会,那么就算你把凳子全做好了,还是一文工钱也得不到。"木匠露出为难的表情。陶行知亲切地说:"不要紧,你不识字我们教你。我们不会做木工,拜你为先生。我第一个跟你学。"说着,陶行知拿起一把锯,对准木板上划好的线就吭哧吭哧地锯起来。

第二天,广场上摆着木匠工具,老师带着孩子们来学做凳子。有个小朋友嘟囔着:"我们是来读书的,不是来做木匠的。"一个大人看见孩子拿起工具,担心孩子会不小心弄破手,也皱起眉直摇头。这时,陶行知笑着说:"我读一首诗给大家听听:'人生两个宝,双手与大脑。用脑不用手,快要被打倒。用手不用脑,饭也吃不饱。手脑都会用,才算是开天辟地的大好佬。'你们看写得如何?"小朋友都拍手说好,那个大人也不好意思地笑了。

从此,每天孩子们都学做凳子,他们也当起了"小先生",教木匠师傅认字。3个月后的一天,教室里的50个孩子,都坐着自己做的凳子。讲台上还有孩子们自己制作的杠杆、滑车等玩具和仪器。家长们挤在窗口、门外,信服地点头叫好。陶行知在讲台前,念起了一首刚写好的诗:"他是木匠,我是先生。先生学木匠,木匠学先生,哼哼哼,我哼成了先生木匠,哼哼哼,他哼成了木匠先生。"孩子们看看坐在他们身边一起听课的木匠,大家都笑了。

姚文采是陶行知的同乡,陶行知请他到晓庄师范学校教生物课。第一次上课,陶行知就让他先把书本摆到一边去,要求他"随时教育、随地教育、随人教育"。姚老师教了10多年生物课,从来没有不带书本去上课的时候,他弄不懂陶行知是什么意思。傍晚,他看见陶行知与两个"叫花子"在亲热地交谈。陶行知和那两个人谈完话,就让学生领他们去洗澡,然后告诉姚文采:"这是我从南京夫子庙请来的两位老师,来教大家捉蛇。晓庄附近有许多蛇,经常咬伤人,让'叫花子'来教大家捉蛇,你看怎么样?"姚文采没说话。"叫花子"开始为晓庄师生上生物课了,课堂就在山里。几天以后,最胆小的女孩子也敢捉蛇了,她们说:"只要击中要害,蛇并没有那么可怕呀!"大家还懂得了蛇没有脚为什么跑得快、蛇没有耳朵为什么听得见声音,以及蛇是老鼠的克星等知识。姚文采终于理解了陶行知的用心。他带领学生采集标本;把挖草药的老农请来教学生认草药;请种花木的花匠来教学生种植花木的方法;请中国科学社的专家来教学生怎样辨别生物科别及定学名。晓庄附近的花草树木都挂起了学名牌,生物课从此变得生动活泼。

陶行知身为高等学府的教授、全国著名的教育家,却没有一点架子,时时注意拜普通的劳动人民为老师,他是我国千百万名教师的楷模,更是知识分子最早和劳动人民相结合的先驱。

(资料来源:中国历史网,2020-10-26)

2. 陶行知实施劳动教育的途径

由劳动教育的内容所决定,陶行知实施劳动教育的途径主要有三个:从事生产劳动、改造校内及周边环境、协助学校做好校务工作。

(1)从事生产劳动。

生产劳动是人成为一个自立之人的基础。在进行生产劳动的过程中,人会认识自然规律和法则,懂得如何运用规律去行动,这是学会某项技能的一个途径。需要说明的是,陶行知还强调,生产劳动要伴随学生终身,并非学业一结束就随即终止了,学生也不仅仅只在学校范围内进行劳动,回到家中还要帮助家人一起劳动。

(2)改造校内及周边环境。

陶行知认为,劳动教育的开展就是学生们在老师的带领下进行劳动,用双手创造一个适宜学习、生活和工作的良好环境。劳动教育的场所首先从学校开始,逐渐扩展到校园周边地区,从而实现对校内及周边环境的改造。

(3)协助学校做好校务工作。

在陶行知的劳动教育思想中,协助学校做好校务工作也是实施劳动教育的基本途径。详言之,学校里的所有事务均由老师与学生共同承担,老师只起指导作用,大部分事务由学生分任。不管是会计、文牍、庶务,还是烧饭、种菜,学生必须轮流学习。学校仅有一名校工负责挑水,其余事务都要学生躬亲从事。学生协助做好校务工作最直接的效果就是省钱,可以节省一大笔教育经费,更关键的是,协助学校做好校务工作是学生主人翁意识的体现,可以提升学生自我规划、自我管理、积极向他人学习的能力,日后无论他们在哪个工作岗位上,做起事来必定得心应手。

案例链接

从贫困生到营收千万的公司CEO

李金龙是中南财经政法大学的一名大四学生,同时也是武汉爱鲸科技有限公司创始人、武汉华清捷利科技发展有限公司CEO。几年时间,李金龙从为生活费发愁,到年营收数千万元公司的CEO。2020年,正当很多应届毕业生开始为自己毕业后的工作而苦恼时,同样是应届毕业生的李金龙想的却是如何带领他的公司发展得更快。

李金龙出生在甘肃陇西的一个偏远山村,从小家境贫寒,父亲在镇上开了一家兽药铺,以此维持一家人的生计。6岁那年,他不慎使自己的右眼受伤导致很难看清书上的字,虽然视力带给了他很多学习上的不便,但他还是凭借自己的努力考入了中南财经政法大学公共管理学院。入学后的李金龙想要通过自己的努力尽可能地减轻家里的负担。

  2016年,考入大学的李金龙,开过培训班、做过驾校代理,而真正意义地走上创业道路,机会来自一次调研。在调研中,作为班长的他不仅每天晚上要安排调研行程和对接社区,还要说服同学克服早起和期末复习时间紧的困难。那时的李金龙几乎每天都要工作到夜里一两点钟,也正是这次社区调研让老师看到了李金龙出色的能力和坚强的意志。于是老师把李金龙推荐给了当时正在创业的师兄们,李金龙开始和他们一起创业。在师兄们的带领下,李金龙开始负责运营更多的项目,涉及在线教育、社会调查、智能洗护设备等多个领域,并且和师兄们一起开始研究新的创业项目——智慧校园,该项目主要以共享洗衣机的刚需聚拢流量、搭建智慧校园生态,目前设备已从最初的15台发展到了7 000余台,公司营收超过千万元。"大二上学期买了车,大三上学期买了房。"李金龙凭借自己的辛勤劳动和创造性劳动,尚在读书阶段就实现了人生的几个小目标。

(资料来源:《长江日报》,2020-06-05)

课后活动

让青春在劳动中闪光

1. 活动目标

  通过活动帮助学生们深刻体会劳动创造美好生活,认识劳动不分贵贱,养成热爱劳动的良好习惯。

2. 活动时间

  建议60分钟。

3. 活动准备

  教师将学生按照每组4~6人划分活动小组,并根据活动目标安排各组分别准备以下内容:

  (1)搜集关于劳动的诗词不少于5首。

  (2)搜集领袖人物的劳动故事不少于3篇。

  (3)录制《劳动最光荣》视频不少于2个。

4. 活动流程

  (1)教师首先安排准备诗词的小组分享诗词,讲述诗词背后劳动与生活、社会的关系。

(2)教师安排准备领袖人物劳动故事的小组讲述劳动故事。

(3)教师安排准备视频的小组播放《劳动最光荣》视频。

(4)教师要求各小组按照"劳动的基本内涵→树立正确的劳动观→劳动的青春最出彩"展开探究和讨论,每个小组组内分工合作写一篇 1 000 字左右感想。

(5)每组推选一名代表分享小组撰写的感想。

(6)教师分析、归纳和总结,引导学生树立劳动最光荣、劳动最崇高、劳动最伟大、劳动最美丽的观念,并根据各小组在活动中的表现赋分。

第三节　劳动精神的养成

学习目标
(1) 了解劳动精神的概念。
(2) 了解劳模精神的时代意义。
(3) 了解工匠精神的重要作用。

一、劳动精神专题教育

案例链接

"淘粪工"时传祥：宁愿一人脏，换来万家净

1915年9月，时传祥出生在山东德州齐河县的一个贫苦农民家庭，14岁逃荒流落到北京城郊宣武门一家私人粪厂，受生活所迫当起了淘粪工。中华人民共和国成立后，受尽粪霸压迫的他在1949年进入北京市崇文区（今为东城区）清洁队工作，以"宁肯一人脏，换来万户净"的崇高精神，受到了党和人民的高度赞扬，成为全国著名的劳动模范、第三届全国人大代表。

从一个旧社会受人压迫剥削的"粪花子"变成新中国的一名清洁工人，时传祥感到无比幸福，并把这种幸福感化作无穷的力量，投入到首都环卫事业和新中国建设中。在中华人民共和国成立后的十七八年里，时传祥无冬无夏地、挨家挨户地给北京群众淘粪扫污；他几乎没有闲暇时间，稍有空闲就到处问问闻闻、走走看看。

老北京平房很多，老四合院里的人口密度非常大，茅坑浅，粪便常常溢出来，气味非常难闻。遇到这种情况，他总是不声不响地找来砖头，把茅坑砌得高一些。他干的这行，是没有节假日的，哪里该淘粪，不用人来找，他总是主动去。不管坑外多烂，不管坑底多深，他都想方设法地掏干扫净。砖头瓦块掉到了茅坑里，他就弯下腰去，用手一块块地拣出来。他常说：咱要一人嫌脏，就会千人受脏，咱要一人嫌臭，就会百家闻臭。俺脏脏一人，俺怕脏就得脏一街。

时传祥带着对党和人民报恩的朴素感情，努力劳动，苦干加巧干，还进行技术革新，带领大家共同进步，在淘粪工人中享有很高的威信，被工友们推选为前门粪业工人工会委员兼工会小组长。当时，北京市人民政府为了体现对清洁工人劳动的尊重，不仅规定他们的工资高于别的行业，而且想办法减轻淘粪工人的劳动强度,把过去送粪的辘轳车全部换成了汽车。运输工具改善之后,时传祥合理计算工时,挖掘潜力,把过去7个人一班的大班,改为5个人一班的小班。他带领全班工人由过去每人每班背50桶增加到80桶,他自己则每班背90桶,最多的时候每班淘粪背粪达5吨。管区内的居民享受到了清洁优美的环境,而他背粪的右肩常年肿胀,被磨出了一层厚厚的老茧。

时传祥工作时从不分分内分外,谁家的墙头倒了,他就主动给砌好,谁家的厕所没有挖坑,他就带上工具给挖好,时间一长,他不仅成了百姓尊敬和信赖的朋友,还赢得了全社会的尊重。1956年11月,他加入了中国共产党。1958年,他当选为北京市政协委员。1959年,他被评为全国著名劳动模范。1959年,他在全国群英会上受到国家主席刘少奇的接见。1966年国庆观礼,时传祥作为北京市观礼团副团长受到毛泽东主席的接见。

时传祥不仅一生投身于首都的环卫事业,还非常关心环卫事业的后继与发展。在他提议下,自1962年开始,清洁队陆续分来一批初高中毕业生,时传祥担任原崇文区清洁队"青年班"班长,担负起这些年轻人传帮带任务。他通过言传身教,帮助这些年轻人树立了"工作无贵贱、行业无尊卑"的为人民服务的思想,带出了一个思想过硬、业务一流的青年班,为环卫三队日后不断涌现劳动模范和先进人物奠定了坚实的基础。

1975年5月19日,时传祥去世。去世前他曾将4个子女叫到身边,对孩子们说:我掏了一辈子大粪,旧社会被人看不起,但我对淘粪是有感情的。我向主席汇报工作时说,各行各业都需要有人接班,我唯一的愿望是你们可以接好我的班,这个班不是我个人的班,这是党和国家的班!在时传祥的感召下,他的4个子女全部进入环卫战线工作。甚至他的孙女时新春,也成了时家的第3代环卫工人,继续发扬"宁愿一人脏,换来万家净"的时传祥精神。

"宁愿一人脏,换来万家净"的时传祥精神几十年来持续传承从未磨灭,环卫行业的劳动模范、先进人物不断涌现。20世纪70年代有张孝敬,他琢磨出80多种治理管道堵塞的绝活,曾连任全国第五、六、七届政协委员,1979年当选北京市劳动模范。20世纪80年代有任华亭,80年代粪便清运基本实现机械化,但部分公厕不具备机械抽运条件,任华亭就主动承担起这些公厕的人工背粪任务,百姓称他是"活着的时传祥"。20世纪90年代有钟志玲,她在18岁就成为一名抽粪女工,把自己宝贵的青春年华无悔地献给了她所热爱的环卫事业。21世纪有关阔山,他带领团队总结出"青年班的八点工作法"和"三八女子抽粪班的八要工作法",大力推进了"时传祥青年班"和"三八女子抽粪班"的建设,在他的带领下,环卫三队在全市率先成立了第一个工人理论学习小组。关阔山在2008年当选第11届全国人大代表,他也是继时传祥之后环卫三队涌现出的第二位全国人大代表。

艺术家吕远曾评价说:时传祥这个终身在粪便中劳动的人,实在是一个纯洁的人,是一个像莲花一样出淤泥而不染的品格高尚的人。在21世纪,时传祥精神依然如莲花般绽放着洁净而纯粹的魅力。

(资料来源:《新京报》,2019-07-26)

劳动精神是每位劳动者为创造美好生活而在劳动过程中秉持的劳动态度、劳动理念及其展现出的劳动精神风貌。

党的十八大以来,习近平总书记关于劳动和劳动精神的系列重要讲话是我们正确理解劳动精神的重要依据,也是大力弘扬劳动精神的重要参考。"我们要在全社会大力弘扬劳动精神,提倡通过诚实劳动来实现人生的梦想、改变自己的命运。"关于劳动,习近平总书记强调,劳动是财富的源泉,也是幸福的源泉。人世间的美好梦想,只有通过诚实劳动才能实现;发展中的各种难题,只有通过诚实劳动才能破解;生命里的一切辉煌,只有通过诚实劳动才能铸就。

"劳动是推动人类社会进步的根本力量。"劳动不是"动一动",也不是"当一天和尚撞一天钟",更不是"一动不动"。劳动是主动的,是积极进取的,是光荣的、崇高的、伟大的!当前,有的人把工作仅仅当作养家糊口的工具,得过且过,如此岂是劳动精神的"正确解锁方式"?"劳动没有高低贵贱之分,任何一份职业都很光荣。"但有些人热衷于追求财富、地位、权势,在他们的眼中,收入高低成了评判职业高低的重要依据。

这种错误的观念,直接影响了青少年的劳动观。例如,有些学生的梦想就是"当明星",因为明星有鲜花、掌声且收入高……有些人由"求富"心态进而衍生出"仇富"心态、"仇官"心态,奉行"为富不仁""无官不贪"的"金科玉律"。如此心态,如何能踏实劳动,用劳动创造美好生活?或许一位农民创造的社会财富没有白领、蓝领、金领的多,但农民种地的社会价值却不容置疑。没有千千万万农民的辛勤耕种,我们吃的粮食、瓜果蔬菜从哪里来?没有千千万万农民的辛苦付出,我们用的产品原材料从哪里来?劳动没有高低贵贱,有的只是分工不同。

"人类是劳动创造的,社会是劳动创造的。"马克思主义劳动学说认为,劳动和自然界一起构成了一切财富的源泉。自然界为劳动提供材料,劳动把材料变为财富。马克思在分析劳动与自然界的关系时指出:

"劳动首先是人和自然之间的过程,是人以自身的活动来引起、调整和控制人和自然之间的物质变换的过程。"人有目的地作用于自然界,利用劳动改变自然物的形态与性质,使各种原料成为人类生活需要的财富,以此满足人们的需要。没有劳动,自然界的各种物质就不会成为人们需要的东西。就像山上的野菜,人如果不去采摘、不进行加工,如何成为"进口货"?

"正是因为劳动创造,我们拥有了历史的辉煌;也正是因为劳动创造,我们拥有了今天的成就。"五千年辉煌灿烂的文明是劳动创造的,中华民族从站起来、富起来到强起来也是劳动创造的。从物质文明到精神文明,从文学艺术、哲学历史到衣食住行,没有劳动,哪有今天的幸福生活?曾经的成绩,是劳动结出的硕果;未来的美好,是劳动成就的辉煌。只要全体中华儿女心往一处想,劲往一处使,弘扬劳动精神,以诚实劳动汇聚强大力量,必将在民族复兴的征程上留下浓墨重彩的一笔。

案例链接

劳动最光荣
——全国"五一劳动奖章"获得者曾国苍

曾国苍,南通万达锅炉有限公司容器制造部手工焊组班长,2019年全国"五一劳动奖章"获得者。

曾国苍是南通万达焊工队伍的优秀代表,是中材节能员工的缩影。他勤学苦练,不断进取,熟练掌握多种焊接方法及操作技能,曾获得南通市职工职业技能大赛第一名,第四届全国职工职业大赛第五名,第三届北京"嘉克杯"国际焊接技能大赛"优秀选手"。他"焊"艺卓绝,在公司技术创新、重大项目难点攻克、关键工序应用研发方面做出了突出贡献,先后荣获"全国技术能手""中央企业青年岗位能手""南通市劳动模范"等荣誉称号。

曾国苍是一名普通焊工,他立足岗位做贡献、扎实工作求发展,在自己的岗位上踏实工作,在平凡的工作中做出了不平凡的成绩。他是千千万万工人的代表,他用勤劳的双手描绘了美好的图画,也为无数职业院校学生树立了榜样,从而使学生们认识到劳动最光荣、劳动最崇高、劳动最伟大、劳动最美丽。

"劳动是财富的源泉,也是幸福的源泉。"天道酬勤,天上不会掉馅饼,即使掉了馅饼,凭什么非要砸在你的头上?难道馅饼是"精确制导"?

央视曾经做过一个"你幸福吗?"的调查,各种爆笑回复,一度引发热议。在此,我们不妨问一问:什么是幸福?关于幸福,很多人认同"人在被需要的时候最幸福"的论述。我们会习惯性地以为,幸福就是得到自己想要的。但是,被人需要,也是一种幸福。当你被人需要,你与对方就有了千丝万缕的联系,便不会被冷落和抛弃。看似负担的被人需要,其实是最大的幸福。如何让自己"被需要"呢?最好的方法是靠劳动。不管是善解人意的倾听还是有理有据的开导,不管是制作产品还是文艺创作,其实质都是一种劳动——以自己的劳动满足他人的需要,这就是幸福。

劳动创造了中华民族,造就了中华民族的辉煌历史,也必将创造出中华民族的光明未来。习近平总书记关于劳动和劳动精神的思想为我们正确认识劳动精神的科学内涵指明了方向。全社会都要贯彻尊重劳动、尊重知识、尊重人才、尊重创造的重大方针,维护和发展劳动者的利益,保障劳动者的权利。要坚持社会的公平正义,排除阻碍劳动者参与发展、分享发展成果的障碍,努力让劳动者实现体面劳动、全面发展。全社会都要热爱劳动,以辛勤劳动为荣,以好逸恶劳为耻。

案例链接

人民创造历史 劳动成就梦想

"全面建成小康社会,进而建成富强民主文明和谐的社会主义现代化国家,根本上靠劳动、靠劳动者创造。"习近平总书记在庆祝五一国际劳动节暨表彰全国劳动模范和先进工作者大会上发表重要讲话,强调我国工人阶级和广大劳动群众要弘扬劳模精神、劳动精神,在实现"两个一百年"奋斗目标的伟大征程上再创新的业绩,以劳动托举中国梦。

人民创造历史,劳动成就梦想。劳动是人类的本质活动,是推动人类社会进步的根本力量。中华民族的辉煌历史,当代中国震惊世界的发展奇迹,都是勤劳智慧的中国人民用伟大的劳动和创造托起的。正是亿万劳动群众胼手胝足、拼搏奉献,以发展进步为己任,与时代发展同步伐,才推动了中国这艘航船不断靠近梦想的彼岸。中华民族阔步前进的每一个坚实脚印,都凝结着工人阶级和亿万劳动群众的心血和汗水。

当代中国不断涌现的劳动模范和先进工作者,正是这个群体的杰出代表。虽然职业不同、岗位各异,但他们都以高度的主人翁精神、卓越的劳动创造、忘我的拼搏奉献,创造出不平凡的业绩。他们是坚持中国道路、弘扬中国精神、凝聚中国力量的国家栋梁、社会中坚和人民楷模。他们身上始终洋溢着"爱岗敬业、争创一流、艰苦奋斗、勇于创新、淡泊名利、甘于奉献"的劳模精神,始终闪耀着中国工人阶级和广大劳动群众伟大品格的光辉。

今年,我国再次以最高规格表彰劳模,这是对劳动精神、劳模精神的最高礼赞,是对"劳动光荣、创造伟大"时代价值的再次彰显,更是对"中国梦·劳动美"的热烈鼓舞和激励。劳动成就历史荣光,也必将开创未来,托举沉甸甸的中国梦。催人奋进的伟大时代、前无古人的伟大事业,强烈召唤伟大的人民。历史赋予的庄严使命,也强烈呼唤伟大的劳动精神。这是我们前进路上的基本依靠和根本力量。

在前进路上,我们要始终坚持人民的主体地位;始终崇尚劳动、尊重劳动者;始终实现好、维护好、发展好最广大人民的根本利益;始终重视提高劳动者素质。让劳动最光荣、劳动最崇高、劳动最伟大、劳动最美丽蔚然成风;让蕴藏于亿万劳动群众中的无穷创造活力和智慧竞相迸发。在新的历史条件下,亿万中国人民将把"劳动"镌刻在全面推进"四个全面"、发展中国特色社会主义的伟大实践中,把无上荣光写在实现中华民族伟大复兴中国梦的辉煌征途上。

(资料来源:《光明日报》,2015-04-30)

"说到底,实现中华民族伟大复兴的中国梦,要靠各行各业的劳动人民的辛勤劳动。现在,党和国家的事业空间很大,只要有志气、有闯劲,普通劳动者也可以在宽广的舞台上实现自己的人生价值。"《新华字典》上用"前途"这个词造句的时候,给出的例句是"张华考上了北京大学;李萍进了中等技术学校;我在百货公司当售货员:我们都有光明的前途"。网络上就有人对此进行调侃甚至嘲讽,"出身论""拼爹论"等观点层出不穷。要实现中华民族伟大复兴的中国梦,要依靠全体中华儿女的共同努力。知识分子、技术人才、售货员……他们都是中国梦的一分子,都是凝聚复兴力量的重要支撑。不管身处何种岗位,只要有志气、有闯劲,立足岗位做好本职工作,就能用诚实的劳动创造自己的精彩人生,展示人生的价值。正是千千万万人民用勤劳和汗水的浇灌,中国梦的花朵才会开得愈加娇艳美丽!

劳动,是熔铸于血脉的行动自觉,是如吃饭、喝水一样自然的付出,是标定人生价值的坐标原点。"劳动是一切成功的必经之路。"劳动是实现中华民族伟大复兴的必由之路。弘扬劳动精神,让我们在中华民族伟大复兴的征程上,脚步更加轻快,胸膛更加昂扬。

案例链接

毛泽东的"责任田"

抗日战争时期,国民党顽固派在陕甘宁边区周围修筑了五道封锁线,隔断交通,使边区的经济发展遇到了很大的困难。为了粉碎国民党顽固派的经济封锁,党中央发出了"自力更生"的号召,于是一场轰轰烈烈的大生产运动在陕甘宁边区开展起来了。

这天,警卫班的战士们正在杨家岭毛泽东住的窑洞附近召开生产动员会。会上,战士们个个摩拳擦掌,表示要大干一场,争当生产模范。这热烈的气氛惊动了毛泽东,只见他快步从窑洞里走了出来。"你们在开生产动员会,这很好嘛!"毛泽东来到了战士们中间,满面笑容地说,"党中央号召我们开展生产运动,克服眼前的经济困难,减轻人民的负担,我们可要带好这个头!"

毛泽东双手叉着腰,环顾着两旁的山坡,充满信心地说:"杨家岭上的土地足够我们种植瓜果蔬菜了。我们还可以养猪,解决自己的吃肉问题。假如再能搞一个合作社,那我们大家的日常生活用品也不用发愁了。"说到这儿,毛泽东爽朗地笑了。战士们被毛泽东这么一说,仿佛看到了满山坡菜绿瓜黄的丰收景象,于是心情更加激奋。大家围在一起,出谋划策,商量怎样开荒种地,怎样引水浇田,并决定几天以后正式开工。

到了开工那天,天刚蒙蒙亮,战士们就扛着镢头下地了。战士们经过毛泽东住的窑洞门口时,看到里面灯光仍然亮着,大家就知道他又熬夜了,所以谁也不忍心去叫他。大家蹑手蹑脚地从门口走过,生怕打搅了他,不料还是被他听到了。没一会儿工夫,只见毛泽东扛着镢头跟上了,他边走边说道:"不是说好了给我一块地吗?我的一份在哪儿呢?"

"主席,您考虑革命大事,非常劳累,这开荒种地的小事就不用参加了。您的活,我们加把劲就都完成了。"战士们异口同声地说。

"不行!不行!开荒种地是党的号召,我也不应该例外。"

在毛泽东的一再坚持下,大家只好在临河不远处给他划出了一块地。毛泽东分到责任田后,对这块"争"来的土地十分珍惜,只要一有空,他就去挖地。战士们发现后,一齐赶来帮忙,毛泽东总是坚持要自己完成。他说:"你们有你们的生产计划,我有我的生产任务,这块地,你们挖了叫我挖什么呢?别看我的年纪比你们大,但我还敢与你们比一比,看谁的田种得好!"

此后,毛泽东硬是忙里偷闲,一镢头一镢头地把地挖好,又垒了一个小水坝,将河水引到了地里。不久,地里便栽上了黄瓜、辣椒和西红柿。毛泽东又经常利用休息时间施肥、锄草,蔬菜越长越茂盛。人们每走过这里,都禁不住要停下脚步称赞一番。毛泽东亲手开荒种田的消息很快传遍了延河两岸,军民大生产的劲头更足了。

二、劳模精神专题教育

案例链接

有股钻劲儿,工人也能成专家
——记全国劳动模范、华北制药集团动力车间副主任董金普

"是知识改变了我的命运。只要刻苦学习、认真钻研,工人也能成专家。"华北制药集团动力车间副主任董金普朴实无华的一句话,道出了自己成长的真谛。

1985年,董金普带着梦想走进了全国最大的抗生素生产基地——华北制药厂。原以为是在宽敞的实验室里操作各种先进的仪器,谁知等待他的是他从未接触过的水处理组的组建。得知此工作由自己负责,董金普倍感压力。调来的工作人员都没有经验,完成任务难度很大。为了完成任务,董金普白天教大家化验操作和专业技术,晚上在厂里学习相关知识直到深夜。经过半年的努力,全组人员的技术水平有了很大的提高,水处理组也成功组建了起来。从此,董金普更加坚信:只要肯学习,敢实践,门外汉也能成专家。

董金普所在的动力车间主要负责循环水系统的相关工作。循环水系统停供次数多,阀门大,经常几个人操作一个阀门也要花上20分钟。作为技术人员,董金普每次都冲在最前面,和队员们一起并肩作战。

为保证安全,循环水系统每年都需要检修。在不停产的情况下,董金普要带领组员对800多个喷嘴进行检修,要同时对3个凉水塔进行填料更新等工作。每年的检修工作都在天气寒冷时进行,凉水塔内部气压低,人进去后喘不过气来,再加上室外气温低使水结成冰,沾有循环水结冰后的填料变得更加沉重。冷却塔内寒风刺骨且不时有水流下,队伍里每个人的衣服上都沾上了大量的泥水,结上了很多冰碴儿,工作难度可想而知。大家看到董金普拖着已经僵硬的身体还在努力工作,便相互鼓劲,就这样从上午一直干到下午。

大修中清洗予膜的工作危险性大,固体物料就要加两吨多,需要一铲一铲地加到水中,每次还要投入三吨多浓硫酸,投酸时,董金普和大家

一起一瓶一瓶地将酸加入水中,酸雾溅到脸上烧得生疼他也不退缩,每次清洗予膜时他都在现场工作12小时以上,董金普每次都是累得浑身动不了还在和大家一起坚持到最后。

知识给了他力量,实践给了他经验,坚持不断地自学是他解决难题的法宝。董金普不断地把所学的知识应用到工作中。二十年来,他完成了循环水系统的多项改革,节水上亿吨,累计效益几千万元。他的《抗生素企业循环冷却水的研究与应用》一文荣获国家医药总局科技进步三等奖,河北省医药总公司科技进步二等奖;他自行设计的《循环水二期工程》获河北省优秀设计工程奖;他还荣获五小成果一等奖多项,石家庄优秀创新合理化建议一等奖等许多奖项。

(资料来源:《石家庄日报》,2006-05-01)

劳动模范,是广大劳动者的先进代表。每个时期的劳模,都是那个时代的精神符号和力量化身,劳模精神也就被赋予了时代的内涵和元素。但劳模精神的核心,更多地体现为专注执着、精益求精的工匠精神。特别是新时期的劳模,他们是改革的先锋,是现代化建设的主力,与以往相比,他们闪耀着新的特征,既体现了勤劳之美的精神原色,又展示了创造之美的价值升华。

学习劳模,要学习他们身上闪耀的信仰光彩。"人间万事出艰辛。越是美好的未来,越需要我们付出艰苦努力。"盘点这些劳模,他们身上有一个共同点,那就是拨开眼前的迷雾,相信并为"美好的未来"奋斗。全国劳模、时代楷模天津电力抢修工人张黎明,无数次沿着电力线路"溜达",他闭上眼睛就能说出负责的线路沿途有多少个高压塔、多少根电线杆。没有哪代人的青春是容易的,重温他们的故事,想想这些平凡人何以把不可能变为可能,心底便会"相信自己",眼中便有光彩,走过风雨便可以看到彩虹,让我们用劳动与奋斗为中华民族伟大复兴贡献力量。

学习劳模,要学习他们实干苦干的劲头。"一勤天下无难事。"无论哪个时代的劳模,他们都是在某个方面有所建树的劳动者。近年来评选出的劳模,高级技工、科研精兵的比重逐渐增加,知识型、技能型、创新型劳动者不断涌现。中国电子科技集团有限公司第五十四研究所的钳工夏立,多次参与卫星天线预研与装配、校准任务,装配的齿轮间隙仅为0.004毫米,相当于一根头发丝粗细的1/20。具有精益求精的工匠精神,多做一点点、创新一点点,日积月累,"高原"就成了"高峰",就能推动中国制造向中国创造转变。

案例链接

"知识工人"邓建军:坚守一线29年,练就"中国功夫"

邓建军,出生于1969年,江苏黑牡丹(集团)股份有限公司邓建军科研组电气技术工人、技术总监。他曾作为江苏省唯一代表出席全国总工会召开的第八届全国职工职业道德建设"双十佳"表彰大会,荣获全国五一劳动奖章。他冲击纺织机械领域世界难题的技术创新之举,被外国专家叹服为"中国功夫"。邓建军参加了党的十七大、十八大,并当选为十九大代表。

1988年,邓建军进入了常州第二色织厂(黑牡丹集团前身)工作。进厂后,邓建军边干边学、刻苦钻研,练就了过硬的本领。他见证了中国纺织业的艰难崛起,自己也从一名普通工人成长为了技术总监。

黑牡丹的主产品是出口牛仔布,当年在开发市场时公司面临着一个世界性技术难题——预缩率问题。预缩率高了,经济受损失;少了,又达不到质量标准,做出的服装会因收缩不当而变形。邓建军一直是工友中负责技术攻关的"领头羊"。越是有难度的挑战,邓建军就越兴奋。他与同事们一起奋力攻关,经过无数次调试,熬过了几十个不眠之夜,通过电子技术与气动技术的完美结合,终于攻克了预缩率不稳定这个难题,使黑牡丹牛仔布的预缩率精度稳定控制在了2.5%以内,优于3%的国际标准。同时,他设计了详细的"缩水率表",操作工人可以按量化标准操作,极大地保证了产品质量。

参加工作以来,邓建军先后参与和独立完成技术改造500余项,极大地推动了企业的发展。邓建军从未停止过自我提升,他一直在不断提高知识层次、优化知识结构。目前,他已经取得了电气工程领域的工程硕士学位。邓建军将学到的知识应用在操作中,为自己和团队的创新进一步夯实了基础。经过协同创新,他带领的团队近年来已获得8项国家发明专利,11项实用新型专利,多项国家级、省级高新技术产品和省部级科研成果。

工作29年间,邓建军由一名普通工人成长为新时期产业技术工人创新发展的楷模,成了中国"知识型产业工人"的领跑者、中国"蓝领精英"的象征。2013年4月28日,邓建军同志参加全国劳模代表座谈会,习近平总书记在讲话中称"知识工人"邓建军等一大批劳动模范和先进工作者,干一行、爱一行、专一行、精一行,带动群众锐意进取、积极投身改革开放和社会主义现代化建设,为国家和人民建立了卓越功勋。

作为党的十七大、十八大代表,在党的系列学习教育活动中,邓建军进企业、学校、社区、机关事业单位,结合自身经历和感悟,积极传播党的代表大会和全会精神,累计做了40多场报告,受到了广大职工群众的欢迎。

"我希望我们国家青山绿水,国富民强;国家产业制造能力提升,制造业越来越强;希望社会法制化程度越来越高。"这是邓建军在十九大召开前夕写下的心愿。邓建军说,自己会以一颗平常心去履行代表职责,更多的是责任感和使命感,他把参会当作是与其他代表交流学习的机会,同时也是宣传江苏、共享常州经验的机会。

(资料来源:《现代快报》,2017-10-05)

"爱岗敬业、争创一流,艰苦奋斗、勇于创新,淡泊名利、甘于奉献"的劳模精神,是工人阶级伟大品格的具体体现,生动地诠释了社会主义核心价值观,丰富了民族精神和时代精神的内涵,是激励全国各族人民团结奋斗、勇往直前的强大精神力量。在我们党带领人民进行革命、建设、改革的各个历史时期,广大劳动模范以高度的主人翁责任感、卓越的劳动创造、忘我的拼搏奉献,谱写出了一曲曲可歌可泣的动人赞歌,为全国各族人民树立了光辉的学习榜样。劳动精神是关于劳动的理念认知和行为实践的集中体现,在理念认知上表现为全社会尊重劳动、崇尚劳动、热爱劳动;在行为实践上表现为劳动者辛勤劳动、诚实劳动、创造性劳动。工匠精神包括职业技能、职业素养、职业理念等多个层次,是一种钻研技能、精益求精、敬业担当的职业精神。

劳模精神是劳模在平凡岗位上做出不平凡业绩所坚持坚守坚定的基本信念、价值追求、人生境界及其展现出的整体精神风貌。"劳动模范身上体现的'爱岗敬业、争创一流,艰苦奋斗、勇于创新,淡泊名利、甘于奉献'的劳模精神,是伟大时代精神的生动体现。"习近平总书记关于劳模精神的表述,为我们科学理解和大力弘扬劳模精神提供了正确的方向和指导。我们一方面要正确理解这一表述中六个词语的各自含义,又要从整体上把握劳模精神的科学内涵。

案例链接

大力弘扬劳模精神　争做新时代奋斗者

习近平总书记给中国劳动关系学院劳模本科班学员回信,谆谆嘱托广大劳动模范要珍惜荣誉、努力学习、继续拼搏、再创佳绩,深情激励广大劳动者要争做新时代的奋斗者,殷切期望全社会尊重劳动模范、弘扬劳模精神,让诚实劳动、勤勉工作蔚然成风。习近平总书记的回信,承载着最真切的心意、最温暖的关怀,体现了亲民、爱民、为民的情怀。各级工会要把回信作为团结动员广大职工听党话、跟党走,激励广大劳动群众争做新时代奋斗者的"动员令",迅速组织学习宣传贯彻,认真把握深刻内涵,充分理解重大意义,把总书记的关怀、鼓励转化为巨大的政治动力、精神动力,不断谱写新时代发展的新篇章。

一要深入学习,筑牢政治信念。习近平总书记的回信,不仅是对劳动模范和广大职工的巨大鼓舞,也是对工会组织和工会干部的有力鞭策。要把学习宣传贯彻习近平总书记回信精神作为当前重要政治任务,并与学习习近平总书记关于工人阶级和工会工作的一系列重要论述结合起来,牢牢把握其精神实质、核心要义、重大意义,进一步加深对习近平新时代中国特色社会主义思想的理解、把握和运用。各级工会要精心组织、深入策划,在广大劳动模范和职工群众中掀起学习宣传贯彻的热潮,使"劳动最光荣、劳动最崇高、劳动最伟大、劳动最美丽"的观念深入人心。要紧扣服务党和政府中心工作这一切入点,把工会工作放在贯彻"五位一体"总体布局和"四个全面"战略布局中去谋划、把握与推进,统一思想、提高认识,振奋精神、凝聚力量,努力把学习宣传贯彻工作落实到工会工作的全过程。要进一步突出工会政治建设这一总纲,不忘初心、牢记使命,把职工群众更加紧密地团结在以习近平同志为核心的党中央周围,在思想上、政治上、行动上同以习近平同志为核心的党中央保持高度一致,坚定不移地履行带领职工听党话、跟党走的政治责任,为实现中国梦而努力奋斗。

二要尽职尽责,强化服务意识。工会是"劳模之家",做好劳模的培养推荐、表彰命名、服务管理、作用发挥,是党和政府赋予工会的重大责任。要从劳模精神是社会主义核心价值观的重要组成、是工人阶级伟大品格的集中体现、是中华民族精神的生动诠释的高度,充分认识并认真做好劳模服务管理工作,让他们在政治上有荣誉、社会上有地位、创新上有平台、发展上受重用、经济上得实惠。要广泛宣传劳动模范的先进事迹,大力弘扬劳模精神、劳动精神、工匠精神,用精神火炬点亮理想,用模范行为引领社会,用高尚品德感召人心,唱响"工人伟大,劳动光荣"的时代主旋律。要为劳模施展才华、干事创业提供更好的条件,通过"劳模工作室""名师带高徒"等工作平台,充分发挥劳模的排头兵与冲锋队作用,带动更多的职工争做高质量发展、实现赶超目标的奋斗者。要进一步创新劳模服务方式,立足真心关爱劳模、真诚服务劳模的观念,建立健全劳模联系、学习培训、参政议政、生活保障、诉求表达、考核激励等工作制度,争取更多的资源和手段,推动制定更好的政策和措施,改善劳模生活,落实劳模待遇,切实形成劳模服务工作长效机制,使工会真正成为劳模的"家"和"港湾"。

三要围绕主题,致力建功立业。"社会主义是干出来的,新时代也是干出来的。"学习宣传贯彻习近平总书记回信精神,要紧紧围绕经济建设的中心任务,组织引导广大职工勤奋做事、勤勉为人、勤劳致富,以实际行动争做新时代的奋斗者。要为广大职工群众在建设中搭建更加广阔的舞台,着眼打赢"三大攻坚战"、深化供给侧结构性改革,广泛开展重点产业、重大工程、重大项目"六比一创"劳动和技能竞赛,组织职工积极参与"五小"创新活动,进一步焕发劳动热情,释放创造能量,充分发挥主力军作用。要把提高职工素质作为一项战略性任务来抓,认真落实中共中央、国务院印发的《新时期产业工人队伍建设改革方案》和《关于提高技术工人待遇的意见》,主动对接产业发展对高技能人才的需求,深入实施职工素质建设工程,鼓励职工更好地学习新知识、掌握新技术、增长新本领,在振兴实体经济、建设现代化经济体系中努力打造一支知识型、技能型、创新型职工队伍。要推动全心全意依靠工人阶级的方针落实到经济社会生活的各个方面、各个领域,按照政治上保证、制度上落实、素质上提高、权益上维护的要求,着力解决好职工群众最关心、最直接、最现实的利益问题,调动好、引导好、保护好职工群众的积极性和创造性。

四要自我革新,增进职工联系。大力弘扬劳模精神、引导广大职工争做新时代的奋斗者,工会干部要带头学习劳模精神,把劳模精神贯穿到实际工作中。要始终坚持以人民为中心的思想,把职工的利益放在最高的位置,坚持面向基层、眼睛向下,以基层是否得实惠、职工是否有获得感为标准,把竭诚服务职工群众作为工作的出发点和落脚点,着力解决好职工最困难、最忧虑、最操心的实际问题,切实实现好、发展好、维护好职工群众的利益与需求。要切实改进工作作风,大兴学习之风、调研之风,大举落实之风,推动工会机关干部走出高楼大院,到车间、进班组、入社区,了解职工群众的所思、所想、所盼,做到进得了门、谈得上话、交得上心,做基层干部的好帮手、职工群众的好兄弟,不断密切工会与职工群众的血肉联系。要强化责任担当,坚持向党负责,勇于为民担责,深化工会自身改革,强化工会责任体系,严化问责纠错机制,使每一位工会干部都能做到忠于职守认真履职、心系职工竭力服务、勇于负责创先争优,把自己锻造成用习近平新时代中国特色社会主义思想武装起来的忠诚战士和职工群众可以依靠和信赖的"娘家人"。

(资料来源:《工人日报》,2018-05-15)

总体上看,这一表述一方面道出了劳模之所以能在广大劳动者群体中脱颖而出的根本原因,另一方面也为广大劳动者群体提出了奋斗的目标和方向。六个词语中,爱岗敬业是本分,争创一流是追求,艰苦奋斗是作风,勇于创新是使命,淡泊名利是境界,甘于奉献是修为。这六个词语展现了每位劳模的精神风范,做一个守本分、有追求、讲作风、担使命、有境界、有修为的人,更是每位劳动者应该追求的目标。

"我热爱高高的塔机,喜欢它那长长的铁臂、炽热通往天路的神梯、热爱钢铁般的气息。"全国劳模、中国建筑一局塔吊工人王华曾这样吐露心声。营造崇尚劳动的社会氛围,为保障劳动者权益创造更好的制度环境,就能激发亿万人民用劳动托举梦想的豪情,汇聚实现中华民族伟大复兴中国梦的磅礴力量。

三、工匠精神专题教育

案例链接

中国工匠精神代表人物——胡双钱

在一个3 000平方米大的现代化数控车床厂房里,中国商飞大飞机制造首席钳工胡双钱所在的角落,并不起眼。

这像一个隐喻:在我们这个人口超过14亿人的偌大国度里,胡双钱和他的钳工同行们,显得寡言少语,也几乎得不到太多的关注。甚至,直到今年的五一劳动节期间,在中央电视台特别节目《大国工匠》中介绍胡双钱和他的钳工同行们时,仍有一些网友惊叹,"原来还有这样一群人的存在。"《大国工匠》讲述了8个工匠用"8双劳动的手"所缔造的神话。节目播出之后,工匠的故事很快就引起了社会热议,截至2015年5月7日,相关话题的微博阅读量超过3 560万次。人们发现,包括胡双钱在内的工匠们,之所以走入镜头,并非因为他们有多么高的学历、收入,而是他们能够数十年如一日地追求着职业技能的极致化,靠着传承和钻研,凭着专注和坚守,缔造了一个又一个的"中国制造"。

提到优质制造,人们的第一反应往往是瑞士、德国、日本等国家的制造业,以及这些国家的控制误差不超毫秒的钟表匠,仅拧各种螺丝就要学习几个月的工人和那些捏寿司都要捏成极致艺术品的手艺人。而经这些工匠之手制造出来的产品,也无一例外地打上了隐形的高品质标签。

那么,中国呢?"作为一个制造业大国,我们难道就没有这种工匠精神吗,还是说社会的浮躁,让我们忽视了这种精神的存在?"《大国工匠》节目制作人岳群说。这也成了《大国工匠》的制作初衷。选题确定后,寻找拍摄对象是一道难关：要在种类繁多的工种与数量庞大的技术工人中，找到能代表中国水平与中国制造实力的工匠，并非易事。更让他们始料未及的是，在诸多单位推荐的工匠名单中，不乏一些大工程项目的指挥官、负责人，但制作团队却坚持要寻找真正的匠人——"一定要找到拥有顶尖技术的一线技术工人，他们可以不是官员也不是负责人，但无一例外都要有别人难以替代的技术水准。"

胡双钱就是其中一位拥有非凡技术的匠人，至今，他都是一名工人身份的老师傅，但这并不妨碍他成为制造中国大飞机的团队里必不可缺的一分子。

2006年，中国新一代大飞机C919立项，对胡双钱来说，这个要做百万个零件的大工程，不仅意味着要做各种形状各异的零件，有时还要"临时救急"。一次，生产急需一个特殊零件，从原厂调配需要几天的时间，为不耽误工期，只能用钛合金毛坯来现场临时加工，这个任务就交给了胡双钱。

"一个零件要100多万元，关键它是精锻锻出来的，所以成本相当高。因为这个零件有36个孔，大小不一样，孔的精度要求是0.24毫米。"0.24毫米，相当于人头发丝的直径，这个本来要靠细致编程的数控车床来完成的零部件，那时只能依靠胡双钱的一双手和一台传统的铣钻床。仅用了一个多小时，36个孔悉数打造完毕，一次性通过检验，这也再一次证明了胡双钱的"金属雕花"技能。

此前，大国工匠在制片人岳群心中，更多的是一个拥有高超技能的群体，但拍摄完成之后，她却受到了强烈的震撼："他们的心态，或者说他们对于工匠精神的认识与诠释让我佩服。"

"中国社会需要工匠精神。"当然，也会有人问，在新科技革命、工业4.0来袭的时代，我们还需要这些工匠和所谓的工匠精神吗？不可否认，标准化、机械化大生产越来越普遍地应用于制造业，但是在某些极精密和复杂的领域，机器并不能完全替代人，比如液化天然气船（LNG船）上的"缝制"钢板任务，就不可能使用机械进行批量操作，只能依赖技术人员进行精细的焊接，并且不能出现一个漏点。

李克强总理在2014年两会上说："我们要用大批的技术人才作为支撑，让享誉全球的'中国制造'升级为'优质制造'。"而在这个过程中，代表中国实力的制造工程，其顶级工艺技术确实十分精良，但对于更多的中国制造领域，比如手机、冰箱甚至是前段时间引发抢购风潮的马桶盖等，我们仍然缺乏响当当的"中国名片"，其背后所折射的，又恰恰是基础制造业优质技术人才——大国工匠的缺失。

（资料来源：《中国青年报》，2016-04-28，有删改）

（一）工匠精神及其内涵

我国对"工匠精神"的重视,古已有之。党的十九大报告中提出,要想建设知识型、技能型、创新型劳动者大军,营造劳动光荣的社会风尚和精益求精的敬业风气,就要深刻学习工匠精神。学习"工匠精神",践行"工匠精神",弘扬"工匠精神",是对每个肩负中华民族伟大复兴任务的职业从业者的要求。

在新的时代背景下,工匠二字不再局限于传统意义,而是代表着一个时代的气息。"工匠精神"不仅是职业技能,更是一种内在的精神品质。"工匠精神"的理念是:从容独立、踏实务实;摒弃浮躁、宁静致远;精致精细、执着专一。大力弘扬工匠精神,匠心筑梦,实现中华民族的伟大复兴。

工匠精神是近年来我国社会的一个热点问题。"弘扬劳模精神和工匠精神,营造劳动光荣的社会风尚和精益求精的敬业风气。"工匠精神这一概念,常被习近平总书记提及,也被写入党的十九大报告。我们应该以习近平总书记关于工匠精神的系列重要讲话为指导,一方面要理解工匠精神的科学内涵,另一方面也要认识到工匠精神与劳模精神、劳动精神相比所体现出的特色。

工匠精神是每位不甘平庸的劳动者在平凡的工作中不断对自己提出的更高要求,并不断自我超越、自我提升、自我完善,始终追求做更好的自己时所表现出的工作态度、工作境界、工作习惯以及整体工作精神面貌。工匠精神可以概括为:坚守执着、精益求精、专业专注、追求极致、一丝不苟、自律自省。从工匠精神的角度来看,坚守执着是一个人的本分,精益求精是一个人的追求,专业专注是一个人的作风,追求极致是一个人的使命,一丝不苟是一个人的境界,自律自省是一个人的修为。

案例链接

宋彪:从"圆梦者"到"造梦者"

2017年10月,阿联酋阿布扎比。在第44届世界技能大赛颁奖典礼上,一名穿着黄色上衣和白色长裤、手举五星红旗的19岁小伙子,从世界技能组织主席西蒙·巴特利手中接过大赛唯一最高奖"阿尔伯特·维达尔奖",面向观众激动地连声呼喊"中国!中国!中国!"

世界技能大赛有着"技能奥林匹克"之称,首次参赛的宋彪一鸣惊人,拿下了工业机械装调项目的金牌,以大赛最高分从68个成员国家和地区的1 200多名选手中脱颖而出,登上"世界技能的巅峰",勇夺"金牌中的金牌"——"阿尔伯特·维达尔奖",成为首位获得该荣誉的中国选手。

"那一瞬间,我感觉所有的付出得到了回报。"宋彪回忆说。

在阿布扎比的决赛分4天进行,选手需要在20个小时的比赛时间里制作并调试一台脚踏式净水器。前3天,宋彪完成得很顺利,但第4天却遭遇了意想不到的挑战。"裁判走过来说,前一天的计时出了问题,中国选手少计了半小时。"宋彪说,"当时整个计划都被打乱了,大家都开始操作了,我们只能在休息室里等。"宋彪暗暗告诉自己,要静下心重新计划,保证完成进度,虽然比别的选手晚半小时开始,但凭借着扎实的基本功和高超的装配技能,他还是率先完成了比赛。但是,在试机环节,又一个意外发生了。宋彪在净水机上踩了近15分钟,机器还是没有出水,"如果无法出水,就意味着12分功能分要全部扣掉,当时都感觉没希望了。"裁判检查发现,问题出在主办方提供的一个部件。

"换了部件以后,我又去踩了几分钟,水就流出来了,当时我想,自己用4天的时间做出来一台净水器,而且净化出来的水看起来很干净,就尝了尝,觉得水真的很甜,有自己的汗水在里面。"宋彪说。

赛后,宋彪和团队里的其他人激动地抱在了一起,他感慨地说:"原来人生还有这样一种方式,拥有精湛的技能,一样可以让生命熠熠生辉。"

2017年11月,国家人社部重奖宋彪30万元,并授予他"全国技术能手"称号,晋升高级技师职业资格。2018年1月,江苏省政府为宋彪记个人一等功,破格授予"江苏大工匠"称号并奖励80万元。江苏省人社厅还认定了宋彪的副高级专业技术职称、晋升高级技师职业资格。

之后,宋彪还担任了江苏省常州技师学院备战第45届世界技能大赛工业机械装调项目集训选手的助理教练,并准备赴德国留学深造,学成后将回校任教。他表示,要从"圆梦者"成为"造梦者",将自己的技能经验传授给更多的有志青年。

(资料来源:新华网,2019-05-08)

(二)劳模精神、劳动精神、工匠精神的关系

1. 劳模精神和劳动精神是部分和整体的关系

从主体上看,劳模精神的主体是劳模群体,劳动精神的主体是所有劳动者,而劳模群体是广大劳动者群体中的佼佼者和杰出代表,也是广大劳动者学习的榜样和楷模。劳模的本意也就是劳动者的模范。劳模

群体是劳动者群体中的一部分。从这个意义上讲,劳模精神也是劳动精神的一部分。劳动精神是做一名合格的劳动者应该有的精神,劳模精神则是成为劳模必须有的精神。做劳动者不合格,做劳模更不可能。没有劳动精神,也很难有劳模精神。所以,劳动精神应该成为所有劳动者都必须拥有的精神。劳模精神也是所有劳动者都应该学习的精神。二者是方向和基础的关系,劳模精神是方向,劳动精神是基础。

2. 劳模精神和工匠精神是外力和内力的关系

劳模精神是所有劳动者都应该学习的精神,是影响和引领每位劳动者从平凡走向不平凡的外力。劳模精神从外部影响每位劳动者学先进、做先进。工匠精神则是每位劳动者都应该具有的精神,是激发和激励每位劳动者不断自我挑战和自我超越的内力。工匠精神从内部唤醒每位劳动者不断进步的自觉。劳模精神是超越别人的精神,因为劳模就是超越了很多劳动者才脱颖而出。工匠精神是超越自己的精神,世上最大的对手不是别人,而是自己。工匠精神是让劳动者成为自己的"劳模",劳模精神是让劳动者成为别人的"模范"。工匠精神点亮了自己的生命,劳模精神则照亮了别人的生命。

3. 劳动精神和工匠精神是共性和个性的关系

劳动精神是所有劳动者的共性,每位劳动者都应该有劳动精神。工匠精神则揭示了不甘平庸的劳动者的个性,是成就优秀劳动者的必要条件。个性不仅是产品和企业的核心竞争力,也是劳动者的核心竞争力。这里所说的劳动者的个性主要是指劳动者在自我超越过程中彰显出的个人优势及精神状态,也就是工匠精神。换句话讲,没有工匠精神的劳动者很难有出色的成就和骄人的业绩。精益求精、追求极致是践行工匠精神的核心,也是成就杰出劳动者的根源。当然,如果工匠精神成就的劳动者不仅大大超越了过去的自己,也大大超越了别人,在企业、行业、全国乃至全世界都成为最优秀的一个,那么,他就会成为别人学习的榜样和楷模,就会成为劳模,劳模精神也随之产生。

案例链接

劳动托起中国梦

习近平总书记在中共十九大报告中指出,要建设知识型、技能型、创新型劳动者大军,弘扬劳模精神和工匠精神,营造劳动光荣的社会风尚和精益求精的敬业风气。这充分体现了党对劳动模范、技能人才以及广大劳动者的重视和关怀。

进入新时代,产业工人应该怎么做?我们的回答是,新时代产业工人,要干一行、爱一行、钻一行、精一行。我们今天的幸福生活与党的领导分不开。没有共产党,就没有新中国;没有中国特色社会主义,就没有今天的辉煌成就。学习十九大报告,要用真心感受报告所蕴含的力量,用实际行动响应党中央的号召,把对党的绝对忠诚写在工作岗位上。任何一份职业都很光荣,广大劳动群众应立足本职岗位诚实劳动。而实现中华民族伟大复兴的中国梦,应该进一步重视培育广大职工的职业精神和职业素养,提升职工队伍的职业化程度,让每一位产业工人都干一行爱一行、干一行专一行。

以钉钉子精神做实、做细、做好各项工作。爱岗,要敬业,更要精业。不仅要掌握精湛的技术,更要有精益求精、认真细致等品质。这是对所有热爱本职工作、做好本职工作的人的一种要求。我们就是要有那么一种干劲、一种热情、一种斗志,把十九大精神化作干事创业的强大动力。例如,电力工人要尽己所能把电网建设好、维护好、发展好,在保障电网安全运行的同时努力研发出更多的技术成果,满足社会生活发展的用电需求,给千家万户送去光明和温暖,做人民群众满意的光明使者。要让更多的人投身到推进现代化建设中来,让更多的人参与到劳动光荣、技能宝贵、创造伟大的实践中来,让更多的人投身到实现"两个一百年"奋斗目标的征程中来。

培养更多的年轻"状元技工"。青年兴则国家兴,青年强则国家强。青年一代有理想、有本领、有担当,国家就有前途,民族就有希望。人可以没有文凭,但不能没有知识,不能没有技能,不能没有理想和追求。当一个人能够把他从事的职业当成毕生的事业,热爱到如痴如醉的程度,那就没有什么事是做不好的。追求卓越的必行之路,在于自觉地把自己打造成知识型员工,修为成高技能人才。对于广大青年来说尤其如此。

(资料来源:《人民日报》(海外版),2018-01-02)

按照马克思主义的基本观点,劳动创造了人本身。劳动精神是成为人的精神,工匠精神是成为更加优秀的人的精神,劳模精神则是成为影响别人的人的精神。成为人、成为更加优秀的人、成为影响别人的人,就是一种逐步递进的关系。党和国家现在大力呼吁弘扬劳动精神、工匠精神和劳模精神,目的就在于让每个人都热爱劳动,成为自食其力的劳动者,更要成为优秀的劳动者,甚至成为广大劳动者群体中的佼佼者和大家学习的榜样。

全面建成小康社会,实现中华民族伟大复兴的中国梦,必须依靠劳动,必须依靠广大劳动者。榜样的力量是无穷的,要在全社会贯彻尊重劳动、尊重知识、尊重人才、尊重创造的重大方针,大力宣传劳动模范和其他典型的先进事迹,引导广大人民群众向劳模学习,以劳模为榜样,把劳模精神、劳动精神和工匠精神作为勇往直前的精神动力,树立辛勤劳动、诚实劳动、创造性劳动的理念,营造劳动光荣的社会风尚和精益求精的敬业风气,让劳动最光荣、劳动最崇高、劳动最伟大和劳动最美丽蔚然成风,让全体人民进一步焕发劳动热情、释放创造潜能,不断谱写新时代的劳动者之歌。

案例链接

辽宁舰上的巧匠

翟国成是辽宁舰上首个获得国家专利的航空母舰舰员。3本国家专利证书、10余项创新研究成果、4次荣立三等功、全军优秀士官人才奖一等奖……这是二级军士长翟国成在航母上收获的一份成绩单。更让这位航空保障部门支持设备区队区队长骄傲的是,有一种工具,竟能以自己的名字命名——"翟国成扳手"。

翟国成精通所带区队的10多个专业,先后保障过4型战机。车辆应急启动装置、甲板专用警戒杆等10多项研究成果,让翟国成成为战友们眼中的士兵发明专家。其中,管线导引装置、立式开盖扳手、管线升降装置获得了国家实用新型专利证书。绿色的证书封面上,"实用新型专利证书"这8个金色大字醒目耀眼。每次从箱底翻出,他都要细细地端详,将它们在手中抚摸好几遍。这几本证书从立项到研发,从申报到审批,他等了足足两年,这份对航母舰员发明创造"唯一性"的肯定,在他心中的分量何其重。

在翟国成的引领下,辽宁舰掀起了装备革新的热潮,涌现出了多名"装备革新之星",为航母建设提出的装备改进建议多达数百条。"是航母给了我平台,让我去创新。"而关于发明创造的初心,翟国成说,一切都是为了能打仗、打胜仗。"装备改进一点,航母的战斗力就提高一点。"

(资料来源:央视网,2017-08-22,有删节)

课后活动

劳模人物访谈

1. 活动目标

通过访谈,了解劳模的事迹和劳模精神,提升自己的劳动素养。

2. 活动时间

建议90分钟。

3. 活动准备

(1)知识准备:联系3位不同行业的(全国、省、市、县)劳模,就他们的劳动事迹、工作岗位和工作感悟进行访谈。

(2)教具准备:白纸、笔和录音笔。

4. 活动流程

(1)教师将学生按照8~10人划分小组,并进行小组分工。

(2)确定3个不同行业的访谈对象,可以从小组成员的周围人能联系到的群体中确定,并准备好相应的访谈提纲。

(3)小组成员分工合作对劳模进行访谈。

(4)各小组运用头脑风暴法进行人物访谈,分享感悟并总结进一步提升个人劳动素养的方法。

(5)每个小组选派一名代表进行分享,以便其他组成员能了解更多的劳模事迹、感悟劳模精神。

(6)教师进行分析、归纳、总结,并根据每组代表在分享过程中的表现给予点评并赋分。

(7)了解劳模事迹,写一篇不少于1 500字的心得体会。

姓名		学号		班级	
心得体会					

第四节　劳动安全

学习目标
(1) 了解劳动安全的含义。
(2) 了解劳动安全的主要内容。
(3) 通过学习劳动安全案例,树立劳动安全意识。

一、劳动安全的含义

案例链接

2019年我国各类生产安全事故共死亡29 519人。工矿商贸企业就业人员10万人生产安全事故死亡人数1.474人;道路交通事故万车死亡人数1.80人。数据表明,2001年以来,我国工矿企业伤亡事故的发生次数持续增长,到2003年达到顶点,之后有所回落。虽然近年来工伤事故有所减少,但仍呈现持续高发态势。另有数据表明,煤矿企业发生的安全生产事故在全部工矿企业中占绝大多数。如2006年,工矿商贸企业中煤矿企业发生事故2 945起,死亡4 746人,所占比重分别是24.4%和33.0%。仅2019年,煤矿企业安全生产事故死亡人数0.083万人,而2019年煤矿开采量为37.5亿吨。这从一个侧面反映出了高速经济增长背后所付出的巨大成本。进入21世纪以来,我国重大、特大事故频繁发生。全国平均每年发生一次死亡10人以上的事故约100起,一次死亡3人以上的事故几乎每天都会发生。

劳动安全是指在生产劳动过程中,防止中毒、车祸、触电、塌陷、爆炸、火灾、坠落、机械外伤等危及劳动者人身安全的事故发生。劳动安全,又称职业安全,是劳动者享有的在职业劳动中人身安全获得保障、免受职业伤害的权利。

安全是人类生存与发展的最基本要求,是生命与健康的基本保障。安全生产是保护劳动者安全健康、保证国民经济持续发展的基本条件。伴随着经济发展而频繁发生的安全生产事故,不仅造成了国家财产和公民人身、财产的巨大损失,严重制约了我国经济的平稳发展,而且与我国当前构建和谐社会的目标相悖。如果社会的经济发展是以生命为代价的,那么这样的发展显然和"以人为本"的科学发展观背道而驰,所谓的可持续发展也就失去了原本的意义。

近年来,我国经济快速增长,取得了世人瞩目的成就。但是,在经济快速增长的背后却付出了巨大的社会成本,如生态环境恶化、自然资源枯竭等,其中也包括越来越严重的劳动安全问题。随着各类生产安全事故的频繁发生,安全生产形势极为严峻。

劳动安全问题,一方面受到目前的生产技术手段制约;另一方面,可以通过适当的制度规范和经济投入有效减少其危害性。劳动者在生产活动中能否保障自身安全,多数时候很难依靠企业的自觉或自发调节来实现。由于外部性、信息不对称等因素的普遍存在,必须运用有效的政府监管手段来加以保障。

知识链接

劳动安全十大禁令

(1)安全教育和岗位技术考核不合格者,严禁独立顶岗操作。

(2)不按规定着装或班前饮酒者,严禁进入生产岗位和施工现场。

(3)不戴好安全帽者,严禁进入生产装置检修和施工现场。

(4)未办理安全作业票及不系安全带者,严禁高处作业。

(5)未办理安全作业票,严禁进入塔、容器、罐、油舱、反应器、下水井、电缆沟等有毒、有害、缺氧场所作业。

(6)未办理维修工作票,严禁拆卸停用的与系统联通的管道、机泵等设备。

(7)未办理电气作业"三票",严禁电气施工作业。

(8)未办理施工破土工作票,严禁破土施工。

(9)机动设备或受压容器的安全附件和防护装置不齐全、不好用的,严禁启动使用。

(10)机动设备的转动部件,在运转中严禁擦洗或拆卸。

二、劳动安全主要内容

(一)人身安全

劳动者的人身安全是劳动安全首先应注意的问题,劳动者的人身安全主要包括以下几个方面:

(1)生命健康权不受侵犯。在劳动过程中,劳动者有权保证自己的生命健康权不受外来侵犯,如果在劳动过程中合法权利受到侵犯,劳动者可以拿起法律武器维护自己的合法权益。

(2)劳动单位应依据相关法律,保障劳动者的合法权利。包括在生产过程中,为劳动者提供安全的生产环境、保护劳动者的人身安全。

(二)生产安全

在生产工程中,会面临许多安全问题,因此保证生产的安全性对保证劳动安全具有重要意义,因此,在生产过程中,应做到以下几点:

(1)生产过程应符合相关国家标准。

(2)生产过程中应制定相应的安全生产条例。

(3)定期对劳动者进行安全生产培训,培养劳动者的安全生产意识。

(4)明确生产任务,遵守安全操作规程,注意保密工作,严格遵守劳动纪律、工艺纪律、操作纪律和工作纪律。严格执行交接班制度和巡回检查制度,禁止脱岗,禁止开展与生产无关的一切活动。

(5)工作中要积极主动,遵守纪律,服从工作安排,遇到重大问题应事先反映,协商解决,自己不得擅自处理。要认真执行《岗位安全操作细则》,防止刀伤、碰伤、棒伤、砸伤、烫伤、踩踏跌倒及身体被卷入转动设备等人身事故和设备事故的发生。

(6)开机前,必须全面检查设备有无异常:对转动设备,应确认无卡死现象、安全保护设施完好、无缺相漏电等,并确认无人在设备作业,方能启动运转。启动后如发现异常,应立即检查原因,及时反映,在紧急情况下,应按相关规程果断采取措施或立即停止。

(7)严格遵守特种设备管理制度,禁止无证操作。正确使用特种设备,发现不安全因素时应立即停止使用并挂上故障牌。

总之,劳动安全事关劳动者、劳动单位等各方,容不得半点马虎。

知识链接

劳动防护用品监督管理规定(部分)

第一条 为加强和规范劳动防护用品的监督管理,保障从业人员的安全与健康,根据安全生产法及有关法律、行政法规,制定本规定。

……

第四条 劳动防护用品分为特种劳动防护用品和一般劳动防护用品。

特种劳动防护用品目录由国家安全生产监督管理总局确定并公布;未列入目录的劳动防护用品为一般劳动防护用品。

第五条 国家安全生产监督管理总局对全国劳动防护用品的生产、检验、经营和使用情况实施综合监督管理。

省级安全生产监督管理部门对本行政区内劳动防护用品的生产、检验、经营和使用情况实施综合监督管理。

煤矿安全监察机构对监察区域内煤矿企业劳动防护用品使用情况实施监察。

第六条　特种劳动防护用品实行安全标志管理。特种劳动防护用品安全标志管理工作由国家安全生产监督管理总局指定的特种劳动防护用品安全标志管理机构实施,受指定的特种劳动防护用品安全标志管理机构对其核发的安全标志负责。

第七条　生产劳动防护用品的企业应当具备下列条件:

有工商行政管理部门核发的营业执照;

有满足生产需要的生产场所和技术人员;

有保证产品安全防护性能的生产设备;

有满足产品安全防护性能要求的检验与测试手段;

有完善的质量保证体系;

有产品标准和相关技术文件;

产品符合国家标准或者行业标准的要求;

法律、法规规定的其他条件。

第八条　生产劳动防护用品的企业应当按其产品所依据的国家标准或者行业标准进行生产和自检,出具产品合格证,并对产品的安全防护性能负责。

第九条　新研制和开发的劳动防护用品,应当对其安全防护性能进行严格的科学试验,并经具有安全生产检测检验资质的机构(以下简称检测检验机构)检测检验合格后,方可生产、使用。

第十条　生产劳动防护用品的企业生产的特种劳动防护用品,必须取得特种劳动防护用品安全标志。

……

第十三条　经营劳动防护用品的单位应有工商行政管理部门核发的营业执照、有满足需要的固定场所和了解相关防护用品知识的人员。经营劳动防护用品的单位不得经营假冒伪劣劳动防护用品和无安全标志的特种劳动防护用品。

……

第十六条　生产经营单位为从业人员提供的劳动防护用品,必须符合国家标准或者行业标准,不得超过使用期限。

生产经营单位应当督促、教育从业人员正确佩戴和使用劳动防护用品。

第十七条　生产经营单位应当建立健全劳动防护用品的采购、验收、保管、发放、使用、报废等管理制度。

……

第十九条　从业人员在作业过程中,必须按照安全生产规章制度和劳动防护用品使用规则,正确佩戴和使用劳动防护用品;未按规定佩戴和使用劳动防护用品的,不得上岗作业。

第二十条　安全生产监督管理部门、煤矿安全监察机构依法对劳动防护用品使用情况和特种劳动防护用品安全标志进行监督检查,督促生产经营单位按照国家有关规定为从业人员配备符合国家标准或者行业标准的劳动防护用品。

第二十一条　安全生产监督管理部门、煤矿安全监察机构对有下列行为之一的生产经营单位,应当依法查处:

不配发劳动防护用品的;

不按有关规定或者标准配发劳动防护用品的;

配发无安全标志的特种劳动防护用品的;

配发不合格的劳动防护用品的;

配发超过使用期限的劳动防护用品的;

劳动防护用品管理混乱,由此对从业人员造成事故伤害及职业危害的;

生产或者经营假冒伪劣劳动防护用品和无安全标志的特种劳动防护用品的;

其他违反劳动防护用品管理有关法律、法规、规章、标准的行为。

第二十二条　特种劳动防护用品安全标志管理机构及其工作人员应当坚持公开、公平、公正的原则,严格审查、核发安全标志,并应接受安全生产监督管理部门、煤矿安全监察机构的监督。

……

第二十七条　检测检验机构出具虚假证明,构成犯罪的,依照刑法有关规定追究刑事责任;尚不够刑事处罚的,由安全生产监督管理部门没收违法所得,违法所得在5千元以上的,并处违法所得2倍以上5倍以下的罚款,没有违法所得或者违法所得不足5千元的,单处或者并处5千元以上2万元以下的罚款,对其直接负责的主管人员和直接责任人员处5千元以上5万元以下的罚款;给他人造成损害的,与生产经营单位承担连带赔偿责任。

对有前款违法行为的检测检验机构,由国家安全生产监督管理总局撤销其检测检验资质。

第二十八条　特种劳动防护用品安全标志管理机构的工作人员滥用职权、玩忽职守、弄虚作假、徇私舞弊的,依照有关规定给予行政处分;构成犯罪的,依法追究刑事责任。

第二十九条　进口的一般劳动防护用品的安全防护性能不得低于我国相关标准,并向国家安全生产监督管理总局指定的特种劳动防护用品安全标志管理机构申请办理准用手续;进口的特种劳动防护用品应当按照本规定取得安全标志。

第三十条　各省、自治区、直辖市安全生产监督管理部门可以根据本规定,制定劳动防护用品监督管理实施细则,并报国家安全生产监督管理总局备案。

三、劳动安全案例

知识链接

重大劳动安全事故罪

重大劳动安全事故罪,是指安全生产设施或者安全生产条件不符合国家规定,因而发生重大伤亡事故或者造成其他严重后果的行为。

本罪侵犯的客体是工厂、矿山、林场、建筑企业或者其他企业、事业单位的劳动安全,即劳动者的生命、健康和重大公私财产的安全。在社会主义现代化建设中,劳动者作为生产力中的决定性因素,对经济、社会的发展起着非常重要的作用。因此,必须注重对劳动者的安全和健康的保护。我国政府历来坚持安全第一的生产方针,重视生产安全和安全生产,由此国务院公布了一系列具体规定。尽管国家三令五申要求厂矿等企业、事业单位严把安全关,把安全施工、安全生产、安全作业作为劳动中的头等大事来抓,但是仍有不少用人单位只顾埋头挣钱,置劳动者的健康、安全于不顾,事故隐患排除不及时,在劳动安全设施不符合国家规定的情况下,强行生产作业,以致频频发生劳动安全事故,严重侵犯了劳动者的人身权利,给国家造成了巨大的经济损失。特别是一些新兴行业的兴起,高空、高压、易燃易爆、高速公路等事故的发生率一直居高不下。因此,针对这些情况,我们必须运用刑法武器与侵犯劳动安全的行为做斗争,以保护个人的生命、健康和重大公私财产的安全。

构成本罪,在客观方面必须具备以下3个相互关联的要件:

厂矿等企业、事业单位的劳动安全设施不符合国家规定,存在事故隐患;

经有关部门或者单位职工提出后,对事故隐患仍不采取措施。这里的有关部门是指上级主管部门或者对劳动安全具有行政管理责任的其他部门;

发生了重大伤亡事故或者造成了其他严重后果。

本罪的主体为特殊主体,即单位中对排除事故隐患、防止事故发生负有职责义务的主管人员和其他直接责任人员。

本罪在主观方面表现为过失,有关直接责任人员在主观心态上只能表现为过失。所谓过失,是指有关直接责任人员在主观意志上并不希望发生事故。对于单位存在的事故隐患,有关直接责任人则是明知或者应该知道的,有的甚至是经劳动行政部门或者其他有关部门多次责令改正而未改正。造成这种情况的原因,有的是片面地追求经济效益,不肯在劳动安全和劳动卫生方面进行资金投入;有的是工作不负责任,疏忽怠惰;有的是心存侥幸心理;无论属于哪种情况,都不影响构成本罪,但在具体量刑时可以作为酌定情节予以考虑。

(一) 全椒"2019·9·1"在建大桥坍塌事故

2019年9月1日上午10时52分左右,由安徽新建控股集团有限公司承建的滁来全快速通道跨襄河在建大桥在进行钢箱梁滑移作业时发生贝雷梁垮塌,此次事故造成4人死亡,15人受伤,直接经济损失约1 049.56万元。

事故发生以后,依据《安全生产法》《生产安全事故报告和调查处理条例》(国务院令第493号)和《安徽省生产安全事故报告和调查处理办法》(省政府令第232号)等有关法律法规,经省政府授权,成立了省政府滁州市全椒县滁来全快速通道跨襄河在建大桥"2019·9·1"较大坍塌事故调查组,全面负责事故调查工作,同时邀请了省监察委派员参加,并选派了桥梁设计、施工、土木工程、地质等相关专业领域专家参与事故调查工作。通过现场勘验、调查取证、检测鉴定和综合分析,查明了事故发生的经过、原因,明确了人员伤亡和直接经济损失情况,认定了事故性质和责任。

1. 事故发生经过

2019年9月1日8时许,劳务分包单位中机建(上海)钢结构股份有限公司现场负责人组织人员开始进行钢箱梁滑移作业;10时52分,钢箱梁顶推完成约3.5米,贝雷梁出现约1厘米的变形,10时52分41秒开始,钢箱梁整体出现向南、向下偏移,随即呈南低北高状整体倒塌,贝雷架掉落,约在10时52分45秒全部入水,全过程持续时间约4秒。

2.人员伤亡及直接经济损失情况

(1)人员伤亡情况:本次事故共造成4人死亡,15人受伤。

(2)事故直接经济损失:按照《企业职工伤亡事故经济损失统计标准》(GB6721—1986)有关规定进行统计,本次事故共造成直接经济损失约1 049.56万元。

3.事故发生的原因和性质

(1)部分贝雷梁支架存在结构缺陷。部分贝雷梁锈蚀严重,经检测鉴定,钢销、弦杆等部分构件材料不符合要求。

(2)部分贝雷片阳头实体部分发生断裂,阳头U型钢板厚度不均;现场施工存在违章指挥、违章作业。

(3)贝雷片、连接构件等材料在进场时未履行合规的验收手续。

(4)建设、监理、施工单位对大桥的实际施工方案与经过专家评审的专项方案不一致,未履行有效的审批程序,缺乏有效管控。

(5)钢箱梁架设过程中无有资质的监控单位进行现场监控量测,且未进行有效的指导控制。

(6)关键工序钢箱梁滑移作业时,监理单位人员未在现场进行旁站监管。

事故性质经调查认定,全椒县滁来全快速通道跨襄河在建大桥"2019·9·1"较大坍塌事故是一起生产安全责任事故。

课后活动

阅读上述案例,写一篇1 500字左右的心得体会。

姓名		学号		班级	
案例分析					
应对措施					
心得体会					

(二) 10起工厂典型安全事故案例分析

1. 起吊孔无护栏,不慎坠落死亡

简要经过:某厂检修人员为更换输煤皮带打开了吊砼间的起吊孔(标高25米),仅用一条尼龙绳作为简易围栏。之后,工作负责人于某带领岳某等人到达吊砼间,进行疏通落煤筒工作,虽发现起吊孔未设围栏,但仍未采取防护措施,便开始作业。当一工作人员用大锤砸落煤筒时,岳某为躲避大锤而后退,不慎从起吊孔坠落至地面(落差25米),最终抢救无效死亡。

原因及暴露问题:检修人员打开起吊孔,未设安全可靠的刚性临时围栏;虽用尼龙绳设简易围栏,但过于松动,垂落在地,起不到任何防护作用;工作负责人带领作业人员到达现场后,虽发现临时围栏起不到任何防护作用,但未要求检修人员设置可靠的刚性临时围栏;工作负责人在临时围栏起不到任何防护作用的情况下,也未采取其他防护措施,盲目组织开工。

2. 起吊孔打开无围栏,人员掉入险丧命

简要经过:某年12月26日上午,某厂进行吊装作业,检修人员将发电机平台附近的起吊孔(12.6米)打开后未设置临时围栏,但设一人看护。距起吊孔约0.5米处放置一临时铁棚工作间,从铁棚内出来一位工作人员,踏入起吊孔,手臂抓住起吊孔中间的工字钢梁,身体悬在空中,保住了性命。

原因及暴露问题:打开起吊孔,未设置安全可靠的刚性围栏;临时铁棚工作间位置放置不当,距起吊孔过近;现场看护人员未起到看护作用;铁棚内出来的工作人员未注意脚下情况。

3. 安全意识淡薄,擅进烟道不慎坠落

简要经过:某年3月22日下午,某厂项目部进行锅炉电除尘消缺工作时,工作负责人派焊工陶某(未满18岁)和王某进行焊接作业。工作负责人尚在办理工作票手续时,陶某擅自进入照明不足的锅炉烟道,从无防护设施的烟道竖井坠落(落差9.5米),最终抢救无效死亡。

原因及暴露问题:焊工陶某安全意识淡薄,在未办理完工作票手续的情况下,擅自进入锅炉烟道;焊工陶某年龄不满18岁;锅炉烟道临时照明不足,竖井未设临时围栏。

4. 运行检修严重违章,设备试运摔死一人

简要经过:某厂输煤运行和维护工作分别由两个项目部承担,事故

发生前,斗轮机发生故障,维护项目部办理工作票进行检修。检修时擅自增加了一名工作班成员(死者),未履行手续。隔天上午,斗轮机检修完毕,检修人员未按规定押回工作票,只是和运行人员口头联系,试运斗轮机。试运时,检修人员发现斗轮机仍有缺陷,未按规定重新办理工作票,只是给司机打手势要求停止斗轮机运行。斗轮机停运后,两名检修人员进入斗轮机的轮斗处理缺陷。司机突然想起斗轮机需连续试运,没有就地检查斗轮机是否具备启动条件,只是在司机室瞭望,便启动斗轮机。导致一名人员被旋转的斗轮带起甩到倒流板的篦子上,最终抢救无效该人员死亡,另一名人员及时从斗轮上跳了下来,保住了性命。

原因及暴露问题:检修人员严重违章,试运设备不押票,只是和运行人员口头联系;运行人员严重违章,同意检修人员不押票试运,启动设备前不认真检查;检修人员严重违章,已经传动的设备再次检修,仍然不办理任何手续;检修人员严重违章,工作班成员随意变更,不履行手续;没有对项目部履行管理责任,运行和维护项目部管理混乱。

5. 高处不系安全带,工作人员把命丧

简要经过:某日上午,某厂脱硝改造工作中,作业人员王某和周某站在空气预热器上部的钢结构上进行起重挂钩作业,2人在挂钩时因失去平衡同时跌落。周某的安全带挂在安全绳上,坠落后被悬挂在半空;王某未将安全带挂在安全绳上,从24米高空坠落至高度5米的吹灰管道上,抢救无效死亡。

原因及暴露问题:高处作业时未将安全带挂在安全绳上;工作负责人不在现场,高处作业人员失去监护。

6. 临边未系安全带,三人坠落把命丧

简要经过:某日上午,某厂安装主厂房屋面板。工作班成员张某、罗某、贺某等五人,在施工中未按施工组织设计要求(即铺设一块压型钢板后,应首先对压型钢板进行锚固,再翻板)进行,实际施工中既未固定第一块板,也未翻板。施工作业属临边高处作业,作业人员未系安全带,作业中采取平推方式向外安装钢板,在推动钢板的过程中,压型钢板两端(张某、罗某、贺某在一端,另外两名施工人员在另一端)用力不均,导致钢板一侧突然向外滑移,带动张某、罗某、贺某坠落至平台(落差19.4米),造成3人死亡。

原因及暴露问题:高处临边作业,未系安全带;未按规定的先固定、再翻板的方法施工,而是采用了平推方式。

7. 电梯层门闭锁故障，人员踏空坠落井道

简要经过：某日上午，某厂在进行锅炉过热器泄漏检修，张某彻夜未眠连续工作两天，第三天工作时准备用电梯运送氧气、乙炔气瓶，在锅炉46.7米运转层按下电梯按钮，该层门打开，但因电梯层门闭锁装置故障，电梯实际停在63.7米，张某踏空落入电梯井道底坑，抢救无效死亡。

原因及暴露问题：电梯层门闭锁装置故障，电梯轿厢停止位置与打开的层门位置不一致；电梯日常维护检修不到位，存在重大安全隐患；人员连续抢修，疲劳作业。

8. 起吊口未设置围栏，工作人员不慎坠落

简要经过：某日下午，某厂工作人员在机组保护和DCS改造工作结束后，将剩余电缆从工作现场运回检修楼，电缆需经检修楼地面上的一个起吊口吊入地下室。在起吊作业过程中，突然有一位工作人员从距起吊口3.4米的仓库中疾速走出，坠入未设临时围栏的起吊口（落差4米），抢救无效死亡。

原因及暴露问题：距离仓库门口3.4米的起吊口打开后，未设临时围栏；现场人员未起到看护作用。

9. 起吊物下站人，吊篮跌落砸伤

简要经过：某日，某厂进行煤仓封堵工作时，需将地面上的物料用吊篮运至30米高的煤仓处。在吊运过程中，吊篮碰到墙壁发生旋转倾斜，钢丝绳脱钩，吊篮跌落，将地面上的一名工作人员严重砸伤。

原因及暴露问题：严重违章，起吊物下方有人作业；吊钩没有防脱器；起吊路线不畅通；起吊作业时未设置临时围栏及警告标志。

10. 野蛮起吊作业，坠物砸死行人

简要经过：某日上午，某厂在设备改造中，一名非起重人员使用未经检验的电动葫芦，并擅自拆除其上升限位保护，当吊物（重761千克）提升到顶时，钢丝绳过卷扬被拉断，吊物坠落。因为起重作业点位于通道上方，未设置围栏及警告标志，也未安排专人看护，吊物坠落将一行人砸死。

原因及暴露问题：使用未经检验的电动葫芦；擅自拆除电动葫芦的上升限位保护；无证操作特种设备；通道未设围栏及警告标志；起吊现场未设监护人员。

课后活动：

阅读上述案例，写一篇1 500字左右的心得体会。

姓名		学号		班级	
心得体会					

第五节　劳动保护

学习目标
(1) 了解劳动保护的含义及意义，对劳动保护有直观的了解。
(2) 明确劳动保护的具体内容。
(3) 了解劳动保护的措施，学会保护自己的劳动权利。

一、劳动保护的含义和意义

知识链接

中华人民共和国劳动法（部分）

第一条　为了保护劳动者的合法权益，调整劳动关系，建立和维护适应社会主义市场经济的劳动制度，促进经济发展和社会进步，根据宪法，制定本法。

第二条　在中华人民共和国境内的企业、个体经济组织（以下统称用人单位）和与之形成劳动关系的劳动者，适用本法。国家机关、事业组织、社会团体和与之建立劳动合同关系的劳动者，依照本法执行。

第三条　劳动者享有平等就业和选择职业的权利、取得劳动报酬的权利、休息休假的权利、获得劳动安全卫生保护的权利、接受职业技能培训的权利、享受社会保险和福利的权利、提请劳动争议处理的权利以及法律规定的其他劳动权利。劳动者应当完成劳动任务，提高职业技能，执行劳动安全卫生规程，遵守劳动纪律和职业道德。

第四条　用人单位应当依法建立和完善规章制度，保障劳动者享有劳动权利和履行劳动义务。

第五条　国家采取各种措施，促进劳动就业，发展职业教育，制定劳动标准，调节社会收入，完善社会保险，协调劳动关系，逐步提高劳动者的生活水平。

第六条　国家提倡劳动者参加社会义务劳动，开展劳动竞赛和合理化建议活动，鼓励和保护劳动者进行科学研究、技术革新和发明创造，表彰和奖励劳动模范和先进工作者。

第七条　劳动者有权依法参加和组织工会。工会代表和维护劳动者的合法权益，依法独立自主地开展活动。

第八条 劳动者依照法律规定,通过职工大会、职工代表大会或者其他形式,参与民主管理或者就保护劳动者合法权益与用人单位进行平等协商。

第九条 国务院劳动行政部门主管全国劳动工作。县级以上地方人民政府劳动行政部门主管本行政区域内的劳动工作。

(一) 劳动保护的含义

劳动保护是国家和单位为保护劳动者在劳动生产过程中的安全和健康所采取的立法、组织和技术措施的总称。它是指根据国家法律、法规,依靠技术进步和科学管理,采取组织措施和技术措施,消除危及人身安全健康的不良条件和行为,防止事故和职业病的发生,保护劳动者在劳动过程中的安全与健康,其内容包括:劳动安全、劳动卫生、女工保护、未成年工保护、工作时间与休假制度。

劳动保护的目的是为劳动者创造安全、卫生、舒适的劳动工作条件,消除和预防劳动生产过程中可能发生的伤亡、职业病和急性职业中毒,保障劳动者在身体健康的条件下参加社会生产,促进劳动生产率的提高,保证社会主义现代化建设顺利进行。

(二) 劳动保护的意义

保护劳动者在生产劳动过程中的安全与健康,是我们党和国家的一项基本方针,是坚持社会主义制度的本质要求,是发展生产、促进经济建设的一项根本性大事,也是社会主义物质文明和精神文明建设的一项重要内容。

1. 劳动保护是我们党和国家的一项基本政策

"加强劳动保护,改善劳动条件"是载入我国宪法的神圣规定。中华人民共和国成立以来,中国共产党和人民政府十分重视劳动保护工作。早在1956年国务院发布的《工厂安全卫生规程》《建筑安装工程安全技术规程》和《工人职员伤亡事故报告规程》中就指出:"改善劳动条件,保护劳动者在生产劳动中的安全健康,是我们国家的一项重要政策。"在全国人大七届四次会议上通过的国民经济第八个五年计划纲要中,明确规定了要"加强劳动保护,认真贯彻'安全第一,预防为主'的方针,强化劳动安全监察,努力改善劳动条件,努力降低企业职工伤亡呈矿率和职业病发作率。加强安全技术政策,劳动保护科学的研究和科技成果推广,努力过错善检验手段。"目前,国家正在通过不断健全劳动保护立法,强化劳动保护监察和安全生产管理,推进安全技术、职业卫生技术与有关工程等措施,来保证宪法所要求的这一基本政策的实现。

既然保护劳动者在生产劳动中的安全健康是我们党和国家的一项基本政策,当然更是社会主义国家各类企业进行经营管理的基本原则。只有加强劳动保护,才能确保安全生产,从而改变长期以来不少企业中工伤事故频繁发生和职业危害严重的不良局面。不然,势必会严重损害千百万职工的切身利益,伤害他们建设社会主义的积极性和主观能动精神,不利于社会安全和现代化建设事业的持续、稳定发展。所有这些,都有悖于中国共产党和社会主义制度国家的根本宗旨,损害国家在国际上的形象,必须努力防止此类事件发生。

2. 劳动保护是促进国民经济发展的重要条件

劳动保护不仅有着重要的政治意义,从某种意义上来说,劳动保护又有着深刻的经济意义。在生产过程中,人是最宝贵的,人是生产力诸要素中起决定作用的因素。探索和认识生产中的自然规律,采取有效措施,消除生产中的不安全和不卫生因素,可以减少和避免各类事故的发生;创造舒适的劳动环境,可以激发劳动者的热情,充分调动和发挥人的积极性,这些都是提高劳动生产率、提高经济效益的基本保证。同时,加强劳动保护工作,可以减少因伤亡事故和职业病所造成的工作日损失和救治伤病人员的各项开支;还可以减少由于设备损坏、财产损失和停产造成的直接或间接经济损失。这些都与提高经济效益密切相关。

经济发展的经历表明,搞好劳动保护是发展经济的一条客观规律。人们很好地认识并利用它,就能达到理想的效果;反之,就会受到处罚。如美国在印度博帕尔化学公司甲基异氰酸盐贮罐泄漏,导致大量毒气外泄事故;苏联切尔诺贝利核电站4号反应堆爆炸,导致大量放射性物质严重污染大气事故;我国哈尔滨亚麻厂粉尘爆炸事故;我国山西三交河煤矿特大瓦斯煤尘爆炸事故,都造成了巨大的人员伤亡和经济损失,污染了环境,破坏了生态平衡,扰乱了社会生产的正常秩序。

3. 劳动保护是实现社会主义生产目的的重要措施

社会主义的生产目的是为了满足人民日益增长的物质和文化生活需要,让人民能安居乐业,过上幸福美满的生活。生产过程则是达到这一目的的一种手段。如果在生产过程中劳动者的安全和健康得不到保障,将直接影响这一目的的实现。这不仅会给国家造成经济损失,而且会给劳动者及其家庭带来极大的不幸,直接背离了社会主义的生产目的。当前,在人民生活水平普遍提高和实行优生少生政策的情况下,人们对选择职业的要求会越来越高。所以,加强劳动保护工作有利于人们安居乐业、家庭幸福美满、社会安定团结,从而加快社会主义建设的步伐。

二、劳动保护的主要内容

(一)劳动保护的立法和监察

主要包括两大方面的内容,一是属于生产行政管理的制度,如安全生产责任制度、加班加点审批制度、卫生保健制度、劳动保护用品发放制度及特殊保护制度;二是属于生产技术管理的制度,如设备维修制度、安全操作规程等。企业劳动保护工作由安全技术部门负责组织和实施。

(二)安全技术

为了消除生产中引起伤亡事故的潜在因素,保证工人在生产中的安全,在技术上采取的各种措施,主要目的是防止和消除突发事件对职工安全的威胁。

(1)用人单位必须建立健全劳动安全卫生制度,严格执行国家劳动安全卫生规程和标准,对劳动者进行劳动安全卫生教育,防止劳动过程中发生的事故,减少职业危害。

(2)劳动安全卫生设施必须符合国家规定的标准。新建、改建、扩建工程的劳动安全卫生设施必须与主体工程同时设计、同时施工、同时投入生产和使用。

(3)用人单位必须为劳动者提供符合国家规定的劳动安全卫生条件和必要的劳动保护用品,对从事有职业危害作业的劳动者应当定期进行健康检查。

(4)从事特种作业的劳动者必须经过专门培训并取得特种作业资格。

(5)劳动者在劳动过程中必须严格遵守安全操作规程。劳动者对用人单位管理人员违章指挥、强令冒险作业,有权拒绝执行;对危害生命安全和身体健康的行为,有权提出批评、检举和控告。

(6)国家建立伤亡事故和职业病统计报告和处理制度。县级以上各级人民政府劳动行政部门、有关部门和用人单位应当依法对劳动者在劳动过程中发生的伤亡事故和劳动者的职业病状况,进行统计、报告和处理。

(三)工业卫生

为了保护劳动者在劳动生产过程中的身体健康,避免有毒、有害物质的危害,防止、消除职业中毒和职业病,我国制定了有关劳动卫生方面的法律法规,主要包括以下内容:

(1)防止粉尘危害。

(2)防止有毒、有害物质的危害。

(3)防止噪声和强光的刺激。

(4)防暑降温和防冻取暖。

(5)通风和照明。

(6)个人保护用品的供给。

企业必须按照这些劳动卫生规程达到劳动卫生标准,这样才能切实保护劳动者的身体健康。

(四)工作时间与休假制度

国家实行劳动者每日工作时间不超过八小时、平均每周工作时间不超过四十四小时的工时制度;对实行计件工作的劳动者,用人单位应当根据劳动法第三十六条规定的工时制度合理确定其劳动定额和计件报酬标准;用人单位应当保证劳动者每周至少休息一日;用人单位在节假日期间应当依法安排劳动者休假;用人单位由于生产经营需要,经与工会和劳动者协商后可以延长工作时间,一般每日不得超过一小时;因特殊原因需要延长工作时间的,在保障劳动者身体健康的条件下延长工作时间每日不得超过三小时,但是每月不得超过三十六小时;用人单位应当按照国家标准支付高于劳动者正常工作时间工资的工资报酬。

(五)女职工与未成年工的特殊保护

(1)根据妇女生理特点组织劳动就业,实行男女同工同酬制度。

(2)禁止安排女职工从事矿山井下、国家规定的第四级体力劳动强度的劳动和其他禁忌从事的劳动。

(3)不得安排女职工在经期从事高处、低温、冷水作业和国家规定的第三级体力劳动强度的劳动。

(4)不得安排女职工在怀孕期间从事国家规定的第三级体力劳动强度的劳动和孕期禁忌从事的劳动。对怀孕 7 个月以上的女职工,不得安排其延长工作时间和夜班劳动。

(5)女职工生育享受不少于 90 天的产假。

(6)不得安排女职工在哺乳未满一周岁的婴儿期间从事国家规定的第三级体力劳动强度的劳动和哺乳期禁忌从事的其他劳动,不得安排其延长工作时间和夜班劳动。

(7)不得安排未成年工从事矿山井下、有毒有害、国家规定的第四级体力劳动强度的劳动和其他禁忌从事的劳动。

(8)用人单位应当对未成年工定期进行健康检查。

案例链接

克扣产假

2019年3月19日,网络媒体报道了河南省灵宝市某医院克扣女职工三分之二产假的事件。该医院于2013年制定了《职工请假考勤管理制度》,对女职工产假做了规定:一胎产假为3个月,二胎产假为2个月。这些规定违反了《中华人民共和国人口与计划生育法》《女职工劳动保护特别规定》《河南省人口与计划生育条例》及《河南省女职工劳动保护特别规定》等相关法律法规中关于女职工产假的相关规定,损害了女职工的合法权益和特殊利益。

案例评析:女职工产假是国家以法律法规形式明文规定,给予生育前后职业女性的特殊权利和待遇,用人单位不得以任何理由予以侵犯。根据《女职工劳动保护特别规定》第七条、《河南省人口与计划生育条例》第二十七条、《河南省女职工劳动保护特别规定》第十一条,符合法律法规规定生育子女的女职工且为正常分娩的,除可享受国家规定的98天产假外,还可再增加产假三个月。本案中,灵宝市某医院擅自缩短女职工产假的做法违反了相关法律法规,侵害了女职工的合法权益。因此,医院应当及时依照国家法律法规和地方性法规修改相关制度规定,以保护女职工的合法权益。本案件在处理过程中,省、市、区三级总工会主动应对,及时协调,深入实地调查了解情况,多部门联动,切实推动用人单位整改落实制度,发挥工会组织在维护职工权益中的作用。为杜绝此类事件再次发生,河南省总工会专门下发通知,要求全省各级工会联合当地人力资源和社会保障局、卫生健康委员会等部门对侵害女职工合法权益的行为进行排查,并督促用人单位及时整改;三门峡市总工会也在全市下发了《关于开展女职工权益保护专项督导检查的通知》,有效地维护了女职工的休息休假权。

三、劳动保护的措施

劳动保护措施的制定是为了加强对安全技术劳动保护措施计划和反事故措施计划的管理,依据国家《安全生产法》《职业病防治法》

的相关要求,本着积极预防人身及设备事故以及保护职工健康和规范管理的原则,以最大限度保证人身安全和设备安全及全年安全生产目标的实现。

(一)加大违法成本

目前,我国劳动安全法律体系已经形成了以《中华人民共和国宪法》和《中华人民共和国劳动法》为根基,以《中华人民共和国安全生产法》和《中华人民共和国矿山安全法》为主干,以《中华人民共和国刑法》《中华人民共和国工会法》《中华人民共和国资源法》和《中华人民共和国合伙企业法》的相关条款和大量行政法规、部门规章和地方立法为枝叶的较为完整的法律体系。矿山安全方面的专业法律主要有两部,即1993年5月1日颁布实施的《中华人民共和国矿山安全法》和2002年11月1日颁布实施的《中华人民共和国安全生产法》。

《中华人民共和国安全生产法》是我国第一部全面规范安全生产的专门法律。但在实际操作中,该法规仍是粗线条的,重治标而轻治本,重事后补救而轻事前预防,所以制定和颁布了《中华人民共和国安全生产法实施条例》,以增强其可操作性。另外,可以针对不同行业制定不同的维护劳动安全的法律法规。比如,煤矿行业可以考虑制定《煤矿生产安全法》,同时可以出台一系列实施细则,使相关法规更有针对性,也更具可操作性。

设定法律责任的直接意图在于促使人们遵守规则。事实证明,只在事故发生后追究有关人员的责任,无法起到应有的警示和预防作用。对那些安全生产违法行为,安全责任不落实、事故隐患不整改的企业法人代表,应增加其民事赔偿责任,实施高额罚款制度,甚至使其倾家荡产。对负有安全生产监督管理职责的部门工作人员,玩忽职守铸成大错的,给予降级或者撤职处分,构成犯罪的,依法追究其刑事责任。通过修改相关法律,加大惩处力度,增加责任人的违规成本,才能使这些法规真正起到威慑作用。

(二)加强再监管,断绝监管者与被监管者之间的利益同盟

由于立法规则的疏漏与监管者的监督不力,规制执行过程中存在着的大量寻租机会,往往成为权力腐败的直接原因。再规制是针对政府规制而言的,是对政府规制行为的规制。由于政府与企业之间的信息不对称,导致规章制度本身也存在缺陷。优化政府规制才是治标之本,再规制就是优化政府规制的一剂良方。这里讨论的再规制是比较局部的概念,特别是针对矿山安全的执法人员、监督人员的规制,是从

根本上杜绝了规制者与被规制者之间的利益同盟。

　　法律将矿山安全监察权交给各地的行政部门行使,使安全监察受到地方利益的影响,监察员难以保持独立和公正性。按照《矿山安全法》和《矿山安全监察条例》,对矿山安全的监察和管理有中央和地方两级。中央的监察机关是人力资源和社会保障部领导下的矿山安全监察处,地方的监察机关是地方劳动行政部门领导下的矿山安全监察处和监察室,除此之外再无其他的监督部门。这就意味着地方的矿山安全监察机关是地方唯一的监察机构,由于行政编制划归地方政府,监察行为易被地方政府左右。同时,矿业具有很强的地域性,非法经营的矿主往往会向地方官员大肆行贿或直接赠予股份以达到减少安全投入、牟取暴利的目的。

　　目前的矿山安全立法虽然规定了必须要对矿山安全进行严格的监察,但是由于监察权垄断在行政部门手中,且此行政部门极易受到地方政府的影响,所以并未发挥出很好的监察作用,反而为非法矿主行贿提供了制度漏洞。因此,应当进一步完善立法和执法。修改刑法中的相关条款,提高对入股矿山以及矿山执法人员受贿和矿主行贿的刑事责任处罚力度,严厉打击"官煤勾结",建立多元化的监管机制。坚决取缔非法开采矿山,强化源头管理。保证监察员监察行为的独立性和公正性,建立岗位轮换制度,避免一个监察员长期对同一矿区进行监督。

(三)建立健全工伤保险制度,将劳动安全监管与工伤保险制度结合起来

　　劳动伤害预防已经成为国际社会在劳动安全与卫生保障立法与管理方面的重要趋势和主要目标。在我国,工伤保险制度刚刚从企业保险转为社会保险,应在方案设计和运行中把预防作为主要功能,政府和社会应加大对劳动伤害的预防性投入,严格要求企业签订劳动合同,保障劳动者的知情权。要求企业必须依法为劳动者投保,以保证劳动者的工伤治疗费用和经济补偿。同时,进一步改进工伤和职业病赔偿救助认定工作,根据社会经济发展水平及时调整赔付标准,使工伤人员和职业病患者及时得到治疗和补偿。

(四)加强工会组织,维护劳动者权益

　　随着国有经济战略的调整和国有企业改革的不断深化,随着非公有经济的蓬勃发展,工会应该且必须还原其本来面目,真正成为广大劳动者的自发组织,在社会主义市场经济中发挥更大作用。各级政府应

充分支持和引导工会依法履行对劳动安全问题进行监督的权力和职责,充分发挥工会在劳动安全维护中不可替代的作用,逐步建立起"用人单位负责,政府依法监管,行业依法自律,职工群众监督"的劳动安全综合管理体制。

知识链接

常见职业病

1. 职业性尘肺病及其他呼吸系统疾病

(1)尘肺病:硅肺;煤工尘肺;石墨尘肺;炭黑尘肺;石棉肺;滑石尘肺;水泥尘肺;云母尘肺;陶工尘肺;铝尘肺;电焊工尘肺;铸工尘肺;根据《尘肺病诊断标准》和《尘肺病理诊断标准》可以诊断的其他尘肺病。

(2)其他呼吸系统疾病:过敏性肺炎;棉尘病;哮喘;金属及其化合物粉尘肺沉着病(锡、铁、锑、钡及其化合物等);刺激性化学物所致的慢性阻塞性肺疾病;硬金属肺病。

2. 职业性皮肤病

接触性皮炎;光接触性皮炎;电光性皮炎;黑变病;痤疮;溃疡;化学性皮肤灼伤;白斑;根据《职业性皮肤病的诊断总则》可以诊断的其他职业性皮肤病。

3. 职业性眼病

化学性眼部灼伤;电光性眼炎;白内障(含放射性白内障、三硝基甲苯白内障)。

4. 职业性耳鼻喉口腔疾病

噪声聋;铬鼻病;牙酸蚀病;爆震聋。

5. 职业性化学中毒

铅及其化合物中毒(不包括四乙基铅);汞及其化合物中毒;锰及其化合物中毒;镉及其化合物中毒;铍病;铊及其化合物中毒;钡及其化合物中毒;钒及其化合物中毒;磷及其化合物中毒;砷及其化合物中毒;铀及其化合物中毒;砷化氢中毒;氯气中毒;二氧化硫中毒;光气中毒;氨中毒;偏二甲基肼中毒;氮氧化合物中毒;一氧化碳中毒;二硫化碳中毒;硫化氢中毒;磷化氢、磷化锌、磷化铝中毒;氟及其无机化合物中毒;氰及腈类化合物中毒;四乙基铅中毒;有机锡中毒;羰基镍中毒;苯中毒;甲苯中毒;二甲苯中毒;正己烷中毒;汽油中毒;一甲胺中毒;有机氟聚合物单体及其热裂解物中毒;二氯乙烷中毒;四氯化碳中毒;氯乙烯中毒;三氯乙烯中毒;氯丙烯中毒;氯丁二烯中毒;苯的氨基及硝基化合物(不包括三硝基甲苯)中毒;三硝基甲苯中毒;甲醇中毒;酚中毒;五氯酚(钠)中毒;甲醛中毒;硫酸二甲酯中毒;丙烯酰胺中毒;二甲基甲酰胺中毒;有机磷中毒;氨基甲酸酯类中毒;杀虫脒中毒;溴甲烷中毒;拟除虫菊酯类中毒;铟及其化合物中毒;溴丙烷中毒;碘甲烷中毒;氯乙酸中毒;环氧乙烷中毒;上述条目未提及的与职业有害因素接触之间存在直接因果联系的其他化学中毒。

6. 物理因素所致职业病

中暑;减压病;高原病;航空病;手臂振动病;激光所致眼(角膜、晶状体、视网膜)损伤;冻伤。

7. 职业性放射性疾病

外照射急性放射病;外照射亚急性放射病;外照射慢性放射病;内照射放射病;放射性皮肤疾病;放射性肿瘤(含矿工高氡暴露所致肺癌);放射性骨损伤;放射性甲状腺疾病;放射性性腺疾病;放射复合伤;根据《职业性放射性疾病诊断标准(总则)》可以诊断的其他放射性疾病。

8. 职业性传染病

炭疽;森林脑炎;布鲁氏菌病;艾滋病(限于医疗卫生人员及人民警察);莱姆病。

9. 职业性肿瘤

石棉所致肺癌、间皮瘤;联苯胺所致膀胱癌;苯所致白血病;氯甲醚、双氯甲醚所致肺癌;砷及其化合物所致肺癌、皮肤癌;氯乙烯所致肝血管肉瘤;焦炉逸散物所致肺癌;六价铬化合物所致肺癌;毛沸石所致肺癌、胸膜间皮瘤;煤焦油、煤焦油沥青、石油沥青所致皮肤癌;β-萘胺所致膀胱癌。

10. 其他职业病

金属烟热;滑囊炎(限于井下工人);股静脉血栓综合征、股动脉闭塞症或淋巴管闭塞症(限于刮研作业人员)。

课后活动

如何预防职业病

1. 活动目标

引导学生关注职业病案例,规避特殊行业的职业病。

2. 活动时间

建议20分钟。

3. 活动流程

(1)教师出示以下阅读材料,并提问:你知道的职业病有哪些?我们可以采取哪些措施来预防这种职业病?

"尘肺病"村

陕西某村是"尘肺病"村,至2016年1月,被查出的一百多个尘肺病人中,已有30多人去世。起因是20世纪90年代后,部分村民自发前往矿区务工,长期接触粉尘却没有采取有效防护措施。医疗专家组在普查和义诊中发现,当地农民对尘肺病的危害及防治知识一无所知,得病后认为"无法治疗",很多患者未曾就医,只是苦熬,失去了最佳治疗时机。

(2)教师将学生按照4~6人划分小组,通过搜集资料并经小组内部讨论后形成小组观点。

(3)每个小组选出一名代表陈述本组观点,其他小组可以对其进行提问,小组内其他成员也可以回答其他小组提出的问题。通过问题交流,将每个需要研讨的问题都讨论清楚。

(4)教师进行分析、归纳、总结,并根据各组在活动过程中的表现给予点评并赋分。

第二单元　劳动实践

▷▷▷▷单元导学

在人类的历史长河中，人类的每一次成长，劳动都不曾缺席。劳动让人直立行走，劳动让人的双手更灵活，劳动推动了语言的产生与发展，劳动促进了人脑的形成，劳动让人类形成了特有的抽象思维能力，在劳动中人类形成了社会关系，出现了社会分工。生产劳动对人类生存的意义还在于它贯穿了人类社会的始终。人类在生产劳动中不断创造自身所需的生产资料和生活资料，为自身创造生存和发展的物质条件。没有生产劳动就没有人类的延续和发展，没有生产劳动就没有人类恒河沙数的物质财富和灿若星河的精神财富。

本单元是本课程的核心内容，为适应国家课程建设方案而设立，共包括基础保洁模块、工具使用模块、收纳整理模块、餐具清洁模块、安全巡查模块、临时任务模块和其他任务模块等七大模块。希望学生通过学习这些模块，可以提高自己的劳动实践能力。

俗话说"技多不压身"，在科技飞速发展的当代社会，新知识、新技术、新工艺和新方法层出不穷，只有过硬的劳动技能才能使青年人有"干一行爱一行"的担当，才能将爱国爱校精神发扬光大。劳动教育不是孤立存在的，要和德育、智育、体育、美育互相交织、有机联系才能形成促进人的全面发展的现代人才培养体系。学生的成长成才不仅需要知识和智慧，还需要具有深厚的劳动情怀和正确的劳动价值观，所以劳动实践非常重要，它可以培养学生的集体荣誉感和高度的责任感，培养其热爱劳动、珍惜劳动成果的优良品质和良好的卫生习惯；可以帮助学生积极有效地适应未来社会的挑战，增强他们生存、生活、学习的实际本领。

第一节　基础保洁模块

学习目标
(1) 了解基础保洁模块的内容。
(2) 完成一次基础保洁任务并填写劳动任务书及劳动日志。

一、基本常识

案例链接

一起动手扮靓校园

2020年年初,一场突如其来的新型冠状病毒性肺炎疫情打乱了全国各地学校的开学节奏,经过全国人民的努力,疫情逐渐被控制,各地学校开学在即。江苏某高职学院的学生小明在返校领取技能竞赛材料时,被一股腐烂的气味熏得掩鼻屏息一路小跑。学校原本的保洁人员还未返校,昔日整洁的校园好像蒙上了一层灰尘,废弃物随处可见。这让他十分着急,因为接下来的两周,他要和9位同学一起备战全国创新创业技能竞赛。这样的环境怎么可能适合备赛呢?于是,小明跟辅导员商量,问能不能号召班内已返校的同学一起动手美化校园。在辅导员和小明的动员下,同学们都动起来了,通过全天的大扫除,往日干净整洁的校园又回来了!

"一屋不扫,何以扫天下?"大学生采取积极行动,用双手改变环境。因为学校是全体师生的家园,保持校园卫生的清洁,是校园里永恒的主题。因为一个干净的校园,会给求知的学生们营造出舒心惬意的学习氛围,也能起到净化心灵的作用。看来,掌握必要的保洁技能,开展爱校卫生行动,在平时可以维护环境,在特殊时期则可以创造一片净土。

(一) 含义

在模块化教学过程中,任课教师通过劳动动员、操作示范和安全防护讲解等教学环节,指导相应模块教学任务。各模块教学衔接有序,各具特色。

基础保洁模块将劳动教育与思政教育相结合,通过楼道和教室的卫生保洁,培养学生吃苦耐劳的精神和劳动光荣的意识,及爱护环境、珍惜环境的个人品质,鼓励学生主动参与校园环境保护工作,让学生在清洁劳动中体会劳动的艰辛与成就。

(二) 具体任务及要求

1. 楼道的清洁标准

楼道的清洁流程如下:

(1) 备拖把、垃圾铲、胶桶、胶袋各一个,从底层至顶层自下而上清扫楼道梯级,将果皮、烟头收集于胶袋中然后倒入垃圾车;用胶桶装清水,洗净拖把,拧干拖把上的水,用拖把从顶层自上而下逐级拖抹梯级,拖抹时,注意及时清洗拖把。

(2) 备抹布一块,胶桶装水,从顶层自上而下擦抹楼梯扶手及栏杆,擦抹时,注意及时清洗抹布。

(3) 清洁消防栓、管:备扫把打扫消防管上的灰尘和蜘蛛网,再用湿抹布擦拭消防栓和玻璃,然后用干抹布擦抹玻璃一次,按上述程序逐个清洁消防栓、管。

(4) 清洁墙面、宣传板、开关:备干净的长柄胶扫把、胶桶(装水)、抹布和刮刀。先用扫把打扫消防管上的灰尘和蜘蛛网,再撕下墙上贴的广告纸。如有残纸,先用湿抹布抹湿残纸张,再慢慢用刀刮去,撕下宣传板上过期的资料和通知,用湿抹布擦抹干净;将抹布清洗干净,尽量拧干水分,擦拭各楼道灯的开关板。

(5) 用干抹布擦抹配电箱,及电表箱上的灰尘和污痕。

(6) 清洁窗户玻璃:备一个玻璃刮,一桶清水,清洁剂,按玻璃门、窗、镜面的操作程序进行清洁作业。

(7) 每小时巡视检查一次楼道内外卫生,将广告纸、垃圾清扫干净。

楼道的清洁标准如下:

(1) 每星期清扫、擦拭两次。每月用拖把拖抹一次梯级,每月清洁一次窗户玻璃。

(2) 目视楼道:无烟头、果皮、纸屑、广告纸、蜘蛛网、积尘、污痕等。

2. 教室的清洁标准

教室的清洁流程如下:

(1) 检查。进入室内,先查看是否有异常现象、有无损坏的物品。如发现异常,应先向学校有关部门或教师报告,再保洁作业。

(2) 推尘。推尘要按照先里后外、先上后下、先窗后门、先桌面后地面的顺序,先清扫天花板、墙角上的蜘蛛网和灰尘,接着擦抹窗户玻璃上面的灰尘,实验器材等设备挪动后要摆回原位。

(3)擦抹。擦抹应从门口开始,按照由左至右或由右至左的顺序,依次擦抹室内桌椅、柜子、讲台和墙壁等。抹布应拧干,擦抹每件物品时,应由高到低、先里后外。擦抹墙壁时,重点擦抹门窗、窗台等。操作时,先将湿润的抹布(干净的)擦抹玻璃,再用干净的抹布擦干净窗框及窗台,最后用干燥的无毛的棉布擦干净玻璃四周和中间的水珠。大幅墙面、天花板等应定期清洁(如每周清洁一次)。

(4)整理归置。讲台、桌面、实验台上的主要用品,如粉笔盒、粉笔擦、实验器具等擦净后要摆回原位。

(5)垃圾清倒。按照垃圾分类方法收集垃圾,并清倒室内的纸篓、垃圾桶内的垃圾,及时更换垃圾袋。

(6)再确认。清洁结束后,参与保洁的学生退至门口,环视室内,确认清扫质量,然后关窗、关电、锁门。

教室的清洁标准如下:

(1)地面:地面干净整洁,无纸屑、粉笔、口香糖、污迹、墨水迹等,无垃圾死角。

(2)桌椅整齐度:教室桌椅摆放整齐,桌子前后排成一条线,左右也要排成一条线。

(3)黑板及板槽:黑板擦干净,无粉笔灰的痕迹,板槽内无粉笔灰末。

(4)讲桌及讲台:讲桌摆放整齐并保持干净,除班级纪律表、座位表、黑板擦及粉笔外,讲桌上一律不得放置其他物品;经常清洗黑板擦,保持黑板擦干净。

(5)课桌:放学后课桌上不得放置任何物品,保持桌面干净;上课时只放与本堂课相关的书本和资料。

(6)门窗:门要擦干净,做到没有灰尘及水痕,窗台无灰尘,窗台不得摆放杯子、矿泉水瓶等物品;保持窗玻璃干净。

(7)垃圾桶:垃圾桶内的垃圾要及时清理,以免污染教室环境。

(8)打扫工具的摆放:拖把、扫帚等打扫工具要摆放整齐,不得东倒西歪。

(9)教室四周瓷砖:教室四周瓷砖要定期进行擦拭,保持清洁。

3. 寝室的清洁标准

(1)"八净":地面、墙壁、衣柜、门窗、玻璃、床、卫生间、洗手槽等每天擦洗干净。

(2)"六无":寝室无灰尘、无痰迹、无水迹、无纸屑、无果壳、无异味。

(3)"三齐":床上被褥叠放整齐,床单平整干净,枕头摆放整齐。

(4)"四线":桶一条线,瓶一条线,毛巾一条线,鞋子摆放一条线,被子叠放一条线。

(5)"五无":墙壁无蜘蛛网、无污迹、无手印、无脚印;垃圾桶无垃圾。

4. 校园清洁区的清洁标准

(1)地面无杂草、瓜果皮、纸屑、污水、碎石、砖头、棍棒等。

(2)树坑、花台内无杂草杂物,保持干净。

5. 办公室卫生的基本要求

(1)无纸屑、果皮、烟头、杂物等,每天必须将地面打扫干净。

(2)室内桌椅摆放整齐,桌面摆放规范。

(3)室内墙面、桌椅、计算机、饮水机、日光灯、电扇、窗帘等无灰尘污物,无乱贴乱画。

(4)天花板无蜘蛛网及其他积尘物。

(5)清洁用具摆放规范。

案例链接

"加减乘除""百十千万"……解码上海垃圾分类一年间

2019年7月1日,《上海市生活垃圾管理条例》正式实施。实施一年间,上海作为首个"吃螃蟹"的城市,在垃圾分类这件"小事"上庄严立法,全民参与、全程发力。上海市绿化市容局局长邓建平谈起上海垃圾分类一年间的新特点和新挑战,他说了两个词:"加减乘除"和"百十千万"。用"新时尚"改变一座城。垃圾分类能否成功实施,考验的是市民的素质,是从"他律"到"自律"的转变。有法律法规支撑,有市民全员参与,有志愿者全程引导,上海生活垃圾分类的社会氛围越发浓厚。

"加"体现在:资源化利用实现增量,因为分类细致、纯度高、质量有保障,分出的垃圾得到了更高效的资源化利用,回收利用率达到了35%。

"减"落实在:干垃圾处置量减量和垃圾填埋处置比例降低。

"乘"立足在:垃圾分类社会效益倍增,市民基本养成了垃圾分类的习惯,居住区垃圾分类达标率从2018年的15%倍增到90%。

"除"着力在:环境污染点大幅减少,撤桶并点、定时投放后,住宅小区环境得到了改善;废物箱减少后,道路等公共场所环境卫生保持良好,处置设施污染物排放明显下降。

上海市民到底多给力?即便在大雨倾盆的早上,撑伞赶来倒垃圾的居民也络绎不绝。从一个人的努力扩展到两千多万人的合力,从一户人家的行动到千家万户的践行,"百十千万"的格局悄然演进。

上海的这场垃圾分类绿色转型不仅引领了"新时尚",提升了城市品质,更释放出环保产业升级的"新动能"。从"新时尚"到"好习惯",百姓是参与者更是受益者。生活中废弃物品的数量和种类越来越多,准确分类投放确实不易。但为了保护地球母亲,造福子孙后代,我们每个人都必须学会并践行生活垃圾分类投放。

课后活动

文明校园由我们共建!

1. 劳动目标

(1)创建整洁文明的校园环境,营造崇尚文明的浓厚氛围。

(2)调动学生的劳动热情,锻炼和提高学生的体魄,培养学生的爱校情感。

(3)提高学生的道德素养,培养学生良好的文明卫生习惯。

2. 劳动内容

(1)区域内文明督导:文明用餐、文明用语。

(2)区域内文明整治:宣传栏(牌)杂物清理、口香糖迹清除。

(3)区域内保洁:杂物(纸)入篓,重点是清理绿化地里的烟头。

(4)文明有序:校园内生活区、教学区、体育场不残留杂物。

(5)考勤督导:不定期地考察当天同学的上岗情况。

3. 劳动时间

建议一周。

4. 相关人员职责要求

(1)负责人必须监督学生认真劳动,同时做到以身作则,起到应有的带头作用。

(2)参与学生必须认真负责,准时到岗,上岗期间不得无故缺席,并严格按要求完成检查督导任务。

(3)各小组负责人必须严格要求,确保本组成员保质保量地完成劳动任务。

(4)劳动者如有不明之处,应及时向该片区负责人咨询。

(5)各小组应在对应的劳动时间段提前10分钟上岗,并做好签到工作,否则记作迟到和旷课。

(6)督导组成员负责各区域的考勤。

(7)劳动周如有变动将提前通知并进行相应调整;如没有任何变动,则按计划进行。

5. 劳动要求

(1)文明整洁。

劳动具体要求:积极引导学生有秩序地排队用餐。

(2)文明保洁。

劳动内容:校园内公共场所的卫生保洁。

劳动具体要求如下:

①清理教学区和生活区道路上及绿化带等公共场所的果皮、纸屑,清理各楼层架空层、公用电话、食堂楼梯转台上的杂物。

②按规定时间在规定区域来回巡视,清理垃圾(包括垃圾袋、废纸、果皮、饮料瓶等各种杂物),并将其投入就近的垃圾桶。

③参加人员必须认真负责,保质保量、保洁到位,不得随意脱离岗位,否则若造成脱岗离岗或脏、乱、差的现象,则要追究所在区域负责人的责任。

(3)考勤督导。

工作内容:不定期考查学生上岗情况。

工作具体要求:

①不定时考察各区域学生的上岗情况。

②劝导无故离岗的学生及时返回工作岗位。对不听劝导者,给予警告。

③参加人员应本着认真负责的原则完成工作任务。

④无故离岗者视情况进行通告批评。

6. 具体内容

(1)区域划分。

①学校西侧小树林、图书馆北、西草坪、东西教学楼前后、宿舍区草坪等绿化带内的白色垃圾,捡拾运动场跑道及足球场内的杂物。

②给学校绿篱、图书馆北、西草坪、东西教学楼前后、宿舍区的草坪浇水。

③捡拾学校大院、教学楼楼道、卫生间的烟头及杂物。

④拔除人行道树下的杂草。

(2)后备。

①各小组督导干事在查看活动进行情况时,负责拍照留念。

②若此活动开展时天气恶劣或发生意外,则通知所有人暂停劳动。

③注意天气变化。

(3)"卫生周"检查扣分标准。

①纸屑、瓜子壳或烟头每发现一次扣2分,每天最高扣10分。

②塑料袋或"树挂"发现一次扣3分。

③发现包干区内乱贴乱画而没有清理的扣5分。

④存在不干活现象或态度不良的扣10分。

⑤黑板未擦净、垃圾未倒的、地面有垃圾的、空座位有灰尘的、走廊天花板上有蜘蛛网的每发现一次扣3分。

⑥发现不文明现象(践踏草坪、破坏公共财物)扣班级分10分。

希望大家本着公平公正的原则,为创建和谐校园贡献自己的一份力量。

二、劳动实践任务书

姓名		学号		专业	
任务内容					
任务安排					
任务要求					
主要任务内容					

续表

心得体会	
自我评价	
教师评语	
	成绩：　　　　　　　　　　　　年　　月　　日

三、劳动日志

姓名		学号	
专业		日期	
任务内容			
主要任务	任务内容		任务完成情况
任务一			
任务二			
任务三			
任务四			

续表

任务总结

个人评价

教师评价

成绩：　　　　　　　　　　　　　　　　年　月　日

四、考核表

姓名		学号		专业	
课程名称					
任务内容					

	时间	地点	到岗情况	备注
劳动实践情况记录表	星期一			
	星期二			
	星期三			
	星期四			
	星期五			
	个人小结			
	以上内容由学生填写			

带岗教师意见	总评成绩

签字：

年　月　日

第二节 工具使用模块

学习目标
1. 了解一般工具的使用方法。
2. 通过各种工具的实践操作,提升劳动能力。

一、基本常识

工具使用模块将关键职业能力培养与劳动技能提升相结合,通过学习使用锤子、手钳、扳手等工具,学生可以掌握普通劳动工具和专业劳动工具的使用常识,提高技术操作水平、知识迁移水平,领悟"工欲善其事,必先利其器"的道理。

(一)工具使用的注意事项

(1)使用工具的人员,必须熟知工具的性能、特点、使用、保管、维修及保养的方法。

(2)各种工具必须是正式厂家生产的合格产品。

(3)工作前必须对工具进行检查,严禁使用腐蚀、变形、松动、有故障、破损等不合格工具。

(4)电动或风动工具在使用中不得高速运行和修理。停止工作时,禁止把机件、工具放在机器或设备上。

(5)带有牙口、刃口等尖锐的工具及转动部分应安装防护装置。

(6)使用特殊工具时(如喷灯、冲头等),应有相应的安全措施。

(7)小型工器具应放在工具袋中妥善保管。

(二)常见工具的使用方法。

1.锤子的安全使用

可供使用的锤子的标准是:各处完好无损、锤头没有卷边并且坚固地与手柄连在一起,锤子各处都要保持干净。锤头损坏、手柄松动或断裂的锤子,应及时修理或更换。

修理时应注意,往手柄里加楔子前,需涂些黏合剂,绝不能用钉子来代替楔子。手要固定住锤子手柄的端部,这样敲起来才会有力量。握锤子的手若距锤头太近,不但使用起来不方便,而且也容易碰伤手指。

使用锤子时,要尽可能戴上护目镜,尤其是钉钉子时,若飞出来的钉子或其他东西碰到眼睛,就可能导致失明,碰到身体其他部位,也易致伤。

钉钉子时，要集中注意力，否则容易砸伤手指。钉子刚开始钉入时，应靠近钉帽握钉子，轻轻地用锤子敲钉帽。当钉子钉进去一些后，握钉子的手松开钉子，再用力用锤子敲钉帽即可。这样，钉子就不会飞出来伤人了，也不会砸到手指。钉钉子应使用平锤面的锤子，绝不能使用圆头锤。锤子的手柄不得用来敲打东西或当作撬杠。敲击硬的金属时，要用皮包头锤子或软金属锤，不得用普通锤子。绝不能用锤子敲击扳手或另一只锤子。

使用锤子时，手要握紧，挥动要自如，且要特别小心头顶上的障碍物。挥动时，注意不要伤人，也不要砸碰其他设备。不要把扳手、圆钢、螺栓或其他设备零部件当锤子用。使用大锤敲击需夹持的工件时，要有专人使用夹钳或其他合适的夹紧装置夹好工件，并且注意，挥锤范围内不得站人。夹工件的人要与大锤挥动平面成直角，挥锤的人和夹工件的人都要戴上护目镜。挥大锤时，特别要注意落锤点要准确，还应注意大锤柄不要碰到其他东西。

各项需要用锤子的工作，必须选择与之相适应的锤子。

2. 手钳的安全使用

手钳有多种类型。最常用的是 152 毫米组合式鱼口钳。鱼口钳的滑动绞可以改变钳口尺寸，便于夹住大直径物件。为了能切断铁丝，有些鱼口钳带有边刃口。

手钳常常被误用作其他工具。手钳的使用应限制在其设计的用途范围内。

绝不能用手钳松紧螺母。其原因有两点：一是手钳的钳口是柔性的，不能固定住螺母；二是用手钳夹螺母会使螺母留有齿痕，甚至使其棱角变秃，给将来的修理、拆装造成困难。

用手钳切断电丝等物件时，使用者和旁观者要注意避开手钳切割刃口的内侧。

若既想夹紧工件，又想尽可能用力最小，那么就要使手钳钳口尽可能平行，另外还要注意选择正确尺寸的手钳。手钳的尺寸和位置的正确摆放是夹紧工件的基本保证。

用手钳切割铁丝时，应注意防止过载，过载会使刃口破碎，飞出的碎块有可能伤人。这需要使用者正确地选择手钳，所选择的手钳应是，一只手用力握手钳就能把想要切断的铁丝切断。切不可在切不断铁丝时仍用手钳刃口夹住铁丝，然后用锤子砸钳头。手钳像其他工具一样，要保持清洁，平时还需注意要往连接销上滴点油，这样既可以减少磨损又能防止生锈。请记住，生锈是所有工具凶恶的敌人。

3. 扳手的安全使用

要使用适合将要进行工作的正确类型的扳手,扳手分为月牙扳手、活动扳手、套筒扳手等。要选择尺寸合适的扳手,因为各种扳手都会注明其开口尺寸,而一定尺寸的扳手所能承受的最大扭矩是一定的。使用死扳手或套管扳手时,扳手的尺寸必须与螺母的尺寸完全一致。

要经常检查扳手,看夹口是否磨损或松动,壳体、弹簧及表面是否断裂,手柄是否弯曲。损坏的扳手不得继续使用,应立即修理或更换。要用腕部肌肉拉扳手而不要推扳手。活动扳手的固定牙口比其移动开口的强度大,要把拉力集中到固定的牙口上。所以,拉扳手的方向应是易使工件夹紧的方向。扳手不得翘起来拧工件。必要时,应使用转角接头或套筒扳手。扳手平面要密接工件,且不得用普通扳手代替设备配套的特殊形状的专用扳手,也绝不能把扳手当锤子用。

用力拉扳手时,要一只脚在前,另一只在后,以防向后摔倒。有些死扳手允许锤击其手柄,但使用前必须要看清楚,用锤敲击手柄时不得用手直接扶扳手。有些螺丝因生锈拧不动,不要强拧,因为螺栓也是有强度极限的。这时应加些渗透油或除锈油,等一段时间再轻轻地敲击螺母,拧松一点以后再来回摆动扳手,一般是会松开的。另外也要注意,较长时间不拆卸的和周围环境易使之生锈的螺丝,应定期涂抹防锈油。

在运转的机械上或其周围禁止使用扳手。使用管钳时,除上述的一些注意事项外,还要注意管钳钳牙应干净锐利,并采取正确的站立姿势。

4. 螺丝刀的安全使用

螺丝刀在使用前需检查是否完好无损,其手柄是否清洁、光滑无裂纹。手柄的形状应便于抓取且刀柄应正确、垂直并牢固地安装在手柄上。螺丝刀刀头的平边应恰好与螺钉头上面的槽平行吻合。螺丝刀刀头的端线应恰好与刀柄成直角。除刀头形状外,所有上述要求也适用十字头型螺丝刀。

螺丝刀的刀头与螺钉头必须配套,二者不配套是发生螺丝刀常见事故的主要原因之一。对于普通的单槽螺钉,螺丝刀要垂直地放入螺钉槽。要使用可以平齐地放入螺钉槽的最大尺寸、并且长度合适的螺丝刀。刀头磨损、劈裂或断裂的螺丝刀是不能使用的。要把刀头挫平和挫方,尽量与原来刀头的形状一致。在锉刀头时,要顺着原来的锥度线。若螺丝刀在使用过程中损坏,则必须立即修复或更换。

我们应该知道,一定尺寸的螺丝刀只能承受一定的扭力。刀柄越大,相应的扭矩就越大,而一定尺寸的手柄只能承受一定的扭力。在设计螺丝刀的过程中,设计师考虑了这方面的因素,因此刀头的宽度和形状,我们不能随意改动。

当需要使用凿子或撬杠时,绝不能临时用螺丝刀代替,也绝不能用锤子锤击螺丝刀的手柄,这会使手柄劈裂、刀头弯曲或断裂、螺钉槽劈裂等。

使用螺丝刀时,手要抓住整个手柄。拧螺钉时,要慢慢加力。必要时,可以把工件夹在台钳上以保持螺钉工件的稳固。带电作业时,要使用手柄绝缘、刀柄带绝缘套的螺丝刀。

5. 凿子的安全使用

凿子往往和锤子配合使用。用于锤击凿子的锤子最好是木槌或其他合适的锤子。握凿子的方法:用拇指和食指握持凿子的上端,掌心向上。这样就可以在发生意外时,指关节不致直接受到锤击。

一般情况下,所选用的凿子,其切削刃最好与所要切削的部位一样宽或再宽些。使用凿子时,注意自己和周围的人不在切削方向上,并且操作人员要戴上护目镜。

凿子的切削刃必须保持锋利。凿子的锤击端不得有卷边,若有了卷边,锤击时就可能断裂并飞出伤人。只要凿子的锤击端出现卷边,就应立即修平。凿子要提稳,不得来回摆动,在天太冷手被冻僵的情况下不要去握凿子。尤其是在别人挥锤子的情况下,绝不能使用不带手柄的木凿。

6. 锉刀的安全使用

无论是哪种类型的锉刀,在使用前都必须装配上合适的手柄。手柄要装紧且无劈裂。有些人在使用锉刀时不装锉刀手柄,只是用胶布随便在柄脚上缠几道,这是很危险的。没装上合适手柄的锉刀绝不能使用。柄脚的端都是很锐利的,锉刀遇到阻力突然停下来时,抵着柄脚的手就很可能被扎伤。另外,不带手柄的锉刀在握持和用力时都不方便。最好把要锉的工件固定在台钳上,为防止粗糙的台钳钳牙损坏锉完的表面,可使用钢罩或其他软金属材料垫着。使用锉刀时,始终要保持被锉工件稳固。锉刃是朝着一个方向的,因此使用锉刃时也要朝一个方向用力,即用力往前使锉刀抵工件的压力,在锉刀往回收时要松开,否则,会使锉刃变钝。

正确的使用方法:在锉刀往回收前就把它抬离工件,这样有利于延长锉刀的使用寿命。绝不能把锉刀当作撬杠用。一方面,锉刀的柄脚端部十分容易弯曲;另一方面,锉刀材料较脆,也许就是一个很小的曲力也可能把锉刀折断,当然更不能锤击锉刀。

7. 冲子的安全使用

冲子有时也叫回凿。其冲体较长,冲体到冲头是一个锥度略大的锥体。这种冲子可以承受较大的冲击负荷。当铆钉帽断了的时候,就可以用这种冲子把铆钉冲出。这种冲子也可以用于冲出直的或有锥度的销钉,这是因为它可以承受使销钉变松并开始移动所需的重型锤子的敲击。销钉移动或从孔中冲出一部分后,就不要再继续使用圆凿了。有时,这种冲子的锥度会妨碍冲子的进一步深入。在这种情况下,需使用尖冲头。尖冲头是由一个直冲柄构成,没有锥度,这种冲子可以深入孔中。

所选用的圆凿和与孔眼相匹配的尖冲头的尺寸要尽可能大,使用时应注意,绝不能使用尖冲头冲销钉。因为其冲柄较细,不能承受大的冲击负荷。否则,冲柄就会弯曲或折断。圆凿和尖冲头通常以几种尺寸配成套,每套3~5只。冲心留也叫中心冲子,其冲头是在冲柄中心磨成的一个锥形尖顶,其尖角一般是60度。因为冲头较尖,所以在硬金属上不得使用这类冲子。

总之,无论使用哪种工具,都必须严格遵守使用规范。

课后活动

工具使用实训

1. 任务内容
组织学生进入实训室学习使用工具。

2. 任务目标
通过本次活动使学生掌握常见工具的使用方法。

3. 任务要求
(1)分组进行本次活动。
(2)本次活动要求学生必须掌握三种以上工具的使用方法。
(3)完成实践任务书、工作日志及考核表。

4. 考核标准
本次考核分优秀、及格和不及格三个等级。

二、劳动实践任务书

姓名		学号		专业	
任务内容					
任务安排					
任务要求					
主要任务内容					

续表

心得体会	
自我评价	
教师评语	
	成绩：　　　　　　　　　　　　年　月　日

三、劳动日志

姓名		学号	
专业		日期	
任务内容			
主要任务	任务内容		任务完成情况
任务一			
任务二			
任务三			
任务四			

续表

任务总结

个人评价

教师评价

成绩： 　　　　　　　　　　　　　　　　　年　　月　　日

四、考核表

姓名		学号		专业	
课程名称					
任务内容					
劳动实践情况记录表	时间	地点	到岗情况		备注
	星期一				
	星期二				
	星期三				
	星期四				
	星期五				
	个人小结				
	以上内容由学生填写				
	带岗教师意见				总评成绩
	签字: 年　月　日				

第三节 收纳整理模块

一、基本常识

收纳整理模块将劳动教育与创新能力培养相结合,通过收纳整理衣服和图书,培养学生的创新思维,使用创新方法提升学生生活、工作中归纳和整理的能力。

(一)衣服收纳整理

1. 衣服收纳原则

(1)先清洁再收纳。即便是只穿过一次的衣服也要先清洗干净,哪怕是大外套也要如此。尤其是在换季的时候,不做好清洁工作就直接把衣服放进衣柜,经过一段时间的放置,衣服上沾染灰尘甚至是病毒,就会产生霉斑。另外,要注意看清楚衣服上所附的洗涤方式。

(2)做好除湿和防虫措施。为了延长衣服的使用寿命,除了要适当清洗外,最重要的是要注意除湿及防止蠹虫蛀咬。选择能密封的橱柜及塑料收纳箱来存放换季衣服,可以防止衣服受潮。

(3)将衣服分类收纳。衣服的分类方法有以下几种:一是可以分别装箱或集中放在衣柜的某一区域;二是可以以衣服的材质决定应该挂或折叠存放;三是可以以衣服颜色及类型分类,将同色系、同类型或同能的衣服(如上班服或休闲服)集中收纳。

(4)收纳清洗前需检查物品。粗心大意的人常常把纸币、纸巾等物品随手塞进口袋,洗衣前也需翻检清楚,确保口袋无物品后再进行清洗。衣服上有小破洞、缝线及纽扣脱落的地方也应当及时修补好。

2. 衣服收纳方法

下面是几种不同类型衣服的收纳方法:

(1)怕皱衣服的收纳。按需要的大小剪一块纸板,放在衣服的背面。将衣服两侧沿纸板向内折,就能折出平整的形状。抽出纸板后,垂直收纳在抽屉里,方便拿取,而且不会浪费空间。

(2)毛衣收纳法。依照颜色分类收纳,不同色系的毛衣间最好垫棉纸,以免毛絮之间彼此沾染。

(3)T恤衫收纳法。将衣服背面朝上,和收纳衬衫的方式一样将衣服两侧往里折,宽度以抽屉的宽度为宜,再卷起来就可以了。卷好的T恤衫可以收纳在吊挂式收纳格或抽屉里,这样就可以轻松找到T

恤衫了。

(4)长袖衣服的收纳。如果空间允许,可以直接挂起来收纳,或者叠起来使领口朝上,衣服与衣服之间采用上下交叠的方式收纳于箱内或抽屉内,可保证不变形,或者折成豆干形之后,再立着收纳于收纳箱里。

(5)浅色衣物的收纳。浅色衣服容易沾上污渍,不妨在收纳的时候,将衣服的里子翻过来再折叠,然后放进收纳箱,这样可以避免弄脏。

(6)纯棉外衣的收纳。纯棉起绒织物服装在折叠存放时,要防止受压。如立绒、灯芯绒等衣服,长期受压会使绒毛倒伏。收纳这类衣服时,应将其放在上层或挂起来存放,避免因受压而使绒毛倒伏,影响美观和穿着效果。用硫化染料染色的纯棉外衣,尤其是黑色的纯棉外衣,不宜长时间存放,应及时穿用,因为放置久了容易使布质发脆,降低织物坚牢度,影响衣服的使用寿命。

(二)图书收纳整理

1. 从书籍本身出发进行分类

(1)类型。就像图书馆的分类词表一样,根据知识分类的原理,采用逻辑方法,将所有图书按其学科内容分成几大类,每大类下分许多小类,每小类下再分子小类。然而,我们并没有那么多书,所以这种分类方法不是很实用。

(2)使用频率。不管书多书少,使用频率都有高有低。总有一部分书是会经常翻阅的,比如与工作相关的书籍,或者是兴趣爱好类书籍,又或者是当期的杂志。

(3)习惯。有的人习惯在上厕所时看杂志,有的人习惯在睡前读文章,还有的人习惯在沙发上窝着看小说,所以按照个人习惯来将图书分类会很方便。

(4)颜色。这算个冷门的分类,但是视觉效果很好。同样色系的书籍摆放在一起,会很好看,不仅收纳整齐还能起到装饰作用。

2. 根据用途决定收纳的地方

(1)常用的书籍放在易取的地方,也就是就近原则。划出平时的活动区域,在不同区域放置不同用途的书籍。比如在工作区,放置与专业性有关的书籍,那么无关的书籍就不必放了。一般来说,兴趣娱乐类杂志多放在客厅和卫生间、菜谱养生类书籍放在厨房、舒缓的情感类书籍放在卧室,总之以方便拿取为主。

(2)不常用的书籍尽量"藏"起来。有些书籍是你很喜欢的或者是有收藏价值的,可能你对这些书籍就有了感情,舍不得送人,那它就成了你生活的一部分。建议你尽量把它们放在收纳箱里"藏"起来,最好贴上标签,放在柜子上或者不占地的地方,可以选择样式色调统一的箱子,这样看起来会比较整齐,箱内可以放入干燥剂,防止潮湿和虫蛀。

(3)养成强迫症,看完的书放回原位。看完书就随手一放的人不在少数,时间一长,书又乱了,就因为这"随手一放",辛苦整理的功夫都白费了。所以一定要养成强迫症的习惯,看完的书必须放回原本的位置,这个习惯比任何整理都重要。如果能保持住,那么在很长一段时间里都不用再整理书籍了。

课后活动

衣服、书籍整理

请学生按要求完成任务并完成实践任务书、工作日志及考核表。

任务要求如下:

(1)回宿舍后整理自己的衣服,总结衣服整理技巧。

(2)完成一次书籍整理。

(3)将自己的劳动成果拍照发到班级群里。

活动完成后,教师对每位学生的表现做出评价并以优秀、合格、不合格判定考核成绩。

二、劳动实践任务书

姓名		学号		专业	
任务内容					
任务安排					
任务要求					
主要任务内容					

续表

心得体会	
自我评价	
教师评语	
	成绩：　　　　　　　　　　　　年　　月　　日

三、劳动日志

姓名			学号	
专业			日期	
任务内容				
主要任务	任务内容		任务完成情况	
任务一				
任务二				
任务三				
任务四				

续表

任务总结
个人评价
教师评价
成绩： 　　　　　　　　　　　　　　　　年　月　日

四、考核表

姓名		学号		专业	
课程名称					
任务内容					

劳动实践情况记录表	时间	地点	到岗情况	备注
	星期一			
	星期二			
	星期三			
	星期四			
	星期五			
	个人小结			

以上内容由学生填写

带岗教师意见	总评成绩
签字： 年　月　日	

第四节　餐具清洁模块

学习目标
(1) 了解餐具清洁模块的基本常识。
(2) 进入食堂进行一次餐具清洁活动。

一、基本常识

餐具清洁模块通过组织学生到食堂清洁餐具,培养学生的清洗技能和讲卫生的良好习惯;学生之间相互配合,共同完成各个模块的学习任务,达到自育与互育相结合的目的。

餐具清洁流程如下:

餐饮用具的清洁消毒必须在洁净区内划定的专门区域进行,清洁消毒设施必须为餐饮用具专用,严禁在餐饮用具清洁消毒设施内洗涤或放置其他任何物品,清洁消毒时必须使用符合卫生标准的洗涤剂和消毒剂。

(1) 用热水洗去食物残渣(水温以 50~60 摄氏度为宜)。

(2) 温水清洗,去除餐饮用具上残留的油脂等(水温以 30 摄氏度左右为宜)。

(3) 消毒,可采用物理或者化学法杀灭餐具上残留的病原微生物(如病菌、病毒等)。

①物理消毒。包括蒸汽、煮沸、红外线等热力消毒方法。

煮沸、蒸汽消毒一般控制温度 100 摄氏度保持 10 分钟以上。可用于饮具、盆、毛巾、床上用棉织品的消毒。

红外线消毒一般控制温度 120 摄氏度保持 10 分钟以上。可用于饮具、盆、毛巾、床上用棉织品的消毒。

②化学消毒。

含氯消毒药物的使用浓度应为含有效氯 250 毫克/升(又称 250ppm)以上,公共用品用具全部浸入液体中,作用 5 分钟以上。可用于拖鞋、盆、饮具的消毒或用于物品表面喷洒、涂擦消毒。

化学消毒后的公共用品用具应用净水冲去表面的消毒剂残留。浓度为 75% 的乙醇可用于盆、拖鞋等物体表面的涂擦消毒。

③消毒后的注意事项。

消毒后的公共用品、用具要自然滤干或烘干,不得用毛巾擦干,以避免再次被污染。

消毒后的饮具应及时放入餐具保洁柜内。

使用的消毒液应在其保质期限内,并按规定的温度等条件储存。

消毒液应严格按规定浓度进行配制,固体消毒剂应充分溶解。

配好的消毒液应定时更换,一般每4小时更换一次。

使用时,定时测量消毒液浓度,浓度低于要求时立即更换。

保证消毒时间,一般公共用品、用具的消毒时间为5分钟以上。

应使消毒物品完全浸入消毒液中。

餐具消毒前应洗净,避免残留油垢影响消毒效果。

消毒后应用洁净水将消毒液冲洗干净。

④冲洗,即用清洁卫生的清水冲洗掉餐具上的残留消毒液。

⑤保洁,即将洗净消毒后的餐具、容器、用具移入保洁设施内备用,以防止再次污染。餐饮用具保洁要求:已清洁消毒好的餐具、饮具在使用前,必须将其存放于封闭的专用保洁柜内,严防灰尘、不洁物、鼠、蝇等污染。餐饮具保洁柜内禁止放置其他任何物品。

二、劳动实践任务书

姓名		学号		专业	
任务内容					
任务安排					
任务要求					
主要任务内容					

续表

心得体会	
自我评价	
教师评语	
成绩:	年　月　日

三、劳动日志

姓名		学号	
专业		日期	
任务内容			
主要任务	任务内容		任务完成情况
任务一			
任务二			
任务三			
任务四			

续表

任务总结
个人评价
教师评价

成绩： 　　　　　　　　　　　　　　　　　　　　　年　　月　　日

四、考核表

姓名		学号		专业	
课程名称					
任务内容					
劳动实践情况记录表	时间	地点	到岗情况		备注
	星期一				
	星期二				
	星期三				
	星期四				
	星期五				
	个人小结				
以上内容由学生填写					
带岗教师意见				总评成绩	
签字： 年　月　日					

第五节 安全巡查模块

学习目标
(1) 了解安全巡查的基本知识。
(2) 进行一次安全巡查活动。

一、基本常识

安全巡查模块可以让学生了解安全知识,学生通过到学校教学区域、生活场所巡查安全设备设施,能够培养自己的安全意识和责任,可以正确了解自己所处的学习、生活环境,并以主人翁的身份主动汇报或排除安全隐患。

(一) 安全巡查工作目标

安全巡查是指学校组织、学校其他各部门(单位)协同,对学校安全状况进行的持续不间断的实地察看、检测、分析、评估等一系列活动。其目的是切实维护学校的安全稳定,有效保障学校的财产安全、师生员工的生命安全,切实维护正常的教学、科研、生活秩序,牢固树立全员、全过程、全方位"安全第一,预防为主"的安全稳定的工作指导思想,切实承担起保安全、保稳定、守校土、守秩序的工作职责和任务。

(二) 安全巡查工作类别

1. 日常综合性巡查

主要对政保、治安、交通、消防、校园秩序、校园环境、校园施工等安全管理、安全行为、安全状态进行检查。

2. 专业性巡查

主要对治安、交通、消防设施等进行专业检查。

3. 专项性巡查

配合学校有关部门,主要对实验室设备、危险化学品、废弃物处置等进行专门检查。

4. 季节性巡查

根据各季节的特点开展的检查工作,主要以防洪防汛、防雷电、防大风、防疫、防暑降温为重点的季节安全大检查。

(三)安全巡查工作内容

1. 加强校园巡查,及时发现涉及校园秩序、环境治理等引起的安全隐患

(1)未经允许,禁止张贴、悬挂商业广告。

(2)未经允许,禁止在学校设立的宣传栏内外张贴海报、宣传单等。

(3)未经允许,禁止在校道上插摆彩旗。

(4)未经允许,禁止张贴或悬挂各类活动临时指路标牌。

(5)未经允许,禁止使用有商业宣传的标识物品(如厂家赞助的遮阳伞等),禁止开展商业活动。

(6)未经允许,不得在室外特别是校道上摆放展板。

(7)未经允许,不得在校园内悬挂横幅。

(8)禁止在校园内乱堆放垃圾、杂物或建筑余泥,一旦发现则进行登记,并通知责任单位限时清理。

(9)及时发现并制止校园周边居民或单位机构破坏校园环境、侵占学校土地、伤害学校权益的行为。

(10)及时制止校内车辆不按行驶指示牌、地标等标识行驶、停放等行为。如发现行驶指示牌、地标等交通指引、安全标识受损,应及时通知校卫队进行补充、维修。

2. 巡查校园各类工程,及时发现涉及学校工程施工、违建等引起的安全隐患,杜绝违规施工和违建

(1)校园所有施工必须有总务处或基建处签批的施工许可证,并挂牌公告,提醒施工单位文明施工,注意施工安全。

(2)涉及开挖校道的工程(给排水、电力、网络等),施工前必须经保卫处同意,并发布道路封闭公告,由校卫队做好交通指引标识后方可施工。

(3)监督施工队在运输建筑余泥时要做到封闭运输,防止在运输过程中掉洒余泥弄脏校道,发现未做封闭措施的应立即告知总务处或基建处督促运输车辆改正,在改正前不允许车辆入校运送余泥。

(4)工程管理严格,室外工程须总务处或基建处批准同意,杜绝违建工程,车辆运送施工材料进出校园应经保卫处批准。

(5)凡发现未履行上述手续或手续不全的,要求施工方停止施工行为,并登记相关情况,补齐相关手续后方可施工。

(6)在巡查中,如发现存在安全隐患需及时联系施工单位或学校有关部门(单位),提出整改建议,防患于未然。

3. 巡查校园建筑、树木、草地,及时发现涉及校园建筑、树木、草地等可能发生的安全隐患,杜绝违规砍伐树木和立碑种树。

(1)校园内修整树木、立碑种树等须总务处或学校批准同意,修整作业须持证施工。

(2)校园砍伐树木须由主管部门批准,否则坚决予以制止。

(3)定期巡查校园内稀有、名贵植物情况,防止植物遭受破坏。

(4)发现存在安全隐患的树木,进行记录、拍照并通知学校有关部门处理。

(5)制止故意践踏、破坏校园草地的行为。

(6)发现各类建筑、建筑附着物、窗户、玻璃等存在安全隐患,进行记录、拍照,并通知学校有关部门及时处理、整改。

4. 监督学校允许的商业服务活动按规范开展,及时发现涉及校园内各类商业活动等引起的安全隐患

(1)监督经学校批准的商铺按规定开展经营活动,禁止超范围经营、占用公共区域经营;禁止设摊流动摆卖、禁止派发商业广告或进行商业推广活动。

(2)不得随意使用"五类车"(电动车、摩托车、三轮车、残疾人机动轮椅车和改装拼装车)进行快递收发、送外卖或作为运输工具,要求快递人员进入快递管理中心派发物品,禁止随意、随地摆放快递物品。

(3)监督和督促通讯、银行等校外单位按照学校批准的时间、地点等在校内开展通信或银行业务服务,禁止派发宣传广告。

5. 巡查并制止影响安全、宁静、有序校园环境的行为,及时发现涉及校园管理方面的安全隐患

(1)禁止携带宠物入校。

(2)学校上课时间内,禁止推婴儿车进入教学区(特别是教学中心区)。

(3)未经允许,禁止在校园内私放无人飞机(航模器);禁止在教学区跳广场舞;上课时间段内,禁止校外人员在体育场馆、场地内做运动;禁止在校园公共区域内出现赤膊、穿拖鞋、小孩戏耍与随地大小便等不文明行为。

(4)禁止车辆随意停放在校道、绿化带、人行道等禁停区域。

(5)未经允许,禁止在校园内拍婚纱照。

(6)未经允许,禁止校外人员在校园内开展活动。

(7)巡查校园内是否存在马蜂窝、易坠枯枝、掉地电缆等安全隐患，一旦发现及时通知有关部门处理。

(8)禁止机动车在校园内超速行驶、鸣喇叭等行为。

(9)禁止骑自行车带人、逆向行驶和其他危险行为。

6. 按学校统一安排清理整治校园违章建筑，及时发现涉及校园违章建筑治理等引起的安全隐患

(1)服从学校统一安排清理整治校园违章建筑。

(2)巡查并杜绝校园内出现新的违章建筑。

(3)巡查校园周界，一旦发现校土被侵占，及时制止、拍照及上报。

(4)未经允许，不得在校园内搭建棚架等。对因拍照等活动在校园内搭建的架子，应到校卫队登记备案，使用单位要进行安全承诺。

7. 专业性巡查消防器材和消防安全重点部位

(1)制定消防巡查工作方案，方案应体现巡查的频率、人员、时间、路线、台账。应对学校重点部位增加巡查频次。每半个月至少巡视检查一次消防安全重点部位，巡查情况做好记录，如发现存在安全隐患须及时通知学校有关部门(单位)整改，防患于未然。

(2)熟练使用消防安全监控报警系统，提高"技防"使用能力，发挥装备设施的最大效能。

(3)在楼宇内进行专业巡查时应与楼宇管理人员有效对接，检查内容应包含该楼宇管理人员对消防设备每日检查情况及台账、消防设备的使用年限的检查和登记、消防通道的畅通、应急逃生指示的完好性、危险品出入楼宇的登记等。每月至少巡视检查一次楼宇内的消防器材，如消防栓、灭火器、火灾报警器等，情况分别记录在《消防巡查表》《灭火器检查记录表》《消防栓检查表》上；每月至少巡视检查一次楼宇外的消防栓和消防接合器的完好情况，巡查情况做好记录，如发现丢失或损坏及时通知消防科进行补充或维修。

(4)每季度一次对室外管网水压进行检测并在管网无水状态下进行应急处置。

(5)每年一次对全校楼宇的室内喷淋设备进行全面检测。

(6)建立第三方校园安全风险评估制度。每年度聘请有资质的安全风险评估单位对全校的各类安全风险进行评估并提出安全风险评估报告。安全风险评估经费列入每年预算。

8. 专业性巡查治安工作

(1)在领导的统一指挥下进行安全专项巡查，目的是维护学校内部的治安秩序,对校内所属单位进行安全巡查,督促各有关单位健全安全保卫治安责任制,落实《安全责任书》所规定的安全工作。

(2)每月不定期对重点、重要部位和易发案部位进行安全检查及安全防范工作,确保重点、重要部位的安全,在检查过程中发现问题及时限令整改并督促跟踪。

(3)预防各类刑事治安案件的发生。利用学生会在学生中开展安全防范宣传,每年不少于两次。对在安全防范工作中出现的问题及时制定防范措施,加大防范力度,做好防范宣传。

(4)配合保卫处做好校园内监控的设置工作,对易发案部位加强监控的布防工作,督促监控室每日检查监控以及安全报警柱的运行情况,发现问题及时上报。

(四)安全巡查工作职责

校卫队负责日常综合性巡查和相关安全隐患的整治工作。

治安、防火等职能科室负责专业性巡查,每月至少完成一次全校范围内的安全巡查,并完成相关安全隐患的整治工作。

(五)安全巡查工作管理和督查程序

(1)对存在安全隐患的部位是否进行有效治理或防护要做好复查工作。

(2)对复查时仍未进行整改,又未采取有效防护措施的安全隐患,保卫处将下达《隐患整改通知书》。

(3)对在《隐患整改通知书》规定期限内未进行整改的,又没有采取有效防护措施的安全隐患,保卫处将报告两办(党办、校办),请求督办。如由此安全隐患引发安全事故的,保卫处将根据事故严重程度,上报学校处理。

(4)日常综合性巡查发现的安全隐患,属于保卫处内部有关职能科室职责范围内的,由保卫处通知相关科室进行处理;属于学校其他职能部门管理范围的,由保卫处分类交办或转办学校相关部门处理。

二、劳动实践任务书

姓名		学号		专业	
任务内容					
任务安排					
任务要求					
主要任务内容					

续表

心得体会	
自我评价	
教师评语	
成绩：	年　月　日

三、劳动日志

姓名		学号	
专业		日期	
任务内容			
主要任务	任务内容		任务完成情况
任务一			
任务二			
任务三			
任务四			

续表

任务总结
个人评价
教师评价
成绩：　　　　　　　　　　　　　　　　　　　　　　年　月　日

四、考核表

姓名		学号		专业	
课程名称					
任务内容					
劳动实践情况记录表	时间	地点	到岗情况		备注
	星期一				
	星期二				
	星期三				
	星期四				
	星期五				
	个人小结				
以上内容由学生填写					
带岗教师意见				总评成绩	
签字： 年　月　日					

第六节　临时任务模块

学习目标
(1) 了解临时任务模块的基本知识。
(2) 进行一次临时任务。

一、基本常识

(一) 临时任务的基本含义

临时任务是在前五大模块之外的任务,是前五大模块的必要补充。临时任务模块是为了应对突发事件而设立的,来锻炼学生的临时应变能力为目标,提高学生的综合素养。如去车间、工厂进行为期一周的学习,承担校内组织的一些活动等。通过之前的学习,同学们已经基本具备了一些专业知识,且有能力处理一些问题,临时任务模块正是在这个基础上设立的,它能够很好地锻炼学生的综合实践能力。

(二) 临时任务的要求

(1) 掌握好必要的知识和技能是应对临时任务的基本前提。
(2) 做好临时任务应急处理预案,对临时任务做好相应的准备,有备无患。
(3) 拥有良好的实践能力、劳动素养及团队合作能力。
(4) 有良好的沟通能力,能及时处理在应对临时任务的过程中产生的各种问题。
(5) 有强大的学习能力,能及时总结经验教训。

案例链接

餐馆见习生有内涵

小王是深圳某职业学院的一名大二学生,毛遂自荐在深圳民间瓦缸煨汤坊找到了一份社会实践工作。他勤劳善良,在自身的工作实践中,发现问题,提出建议,促进公司管理水平的提高。在最初的日子里,他只是以观察和熟悉为主,学习一些饭店的工作流程和服务程序。经过耐心的观察和经理及同事的悉心教导与指引,他熟悉了自己要做的工作,其实说到底就是把顾客服务好,但真正要做好这件事并不容易。他的工作任务主要是为大厅的顾客服务,大厅有5个大桌和2个小桌,这一区域的碗、筷、台都由他负责处理;另外一个重要任务就是送外卖,送外卖的范围是周围的生活小区和写字楼。有些人每天都在重复着相同的工作,尤其是服务员,每天都在打扫卫生、摆台、收台、再摆台。在1个月的社会实践当中,他亲身体验着饭店的每个管理层面的工作,听同事们诉说着苦与乐,他结合自己所学的知识,想到用问卷调查的方式来反映饭店在管理中存在的问题,回收问卷后总结了一些问题与建议,并提交给总经理。见习期满后,总经理给予他2 600元的工资,但他认为自己的收获远不止于此。在当服务员的过程中,他总是从一个领导者的角度来考虑问题,总想着将所学的管理方法与经验运用到实际工作中。这一次的社会实践结束后,他坚定了信心,要继续提高劳动技能,在餐饮业有所作为。

课后活动

策划暑期社会实践

1. 活动目标

引导学生完成社会实践策划书。

2. 活动时间

建议20分钟。

3. 活动流程

(1)教师提出问题。

①我们专业若在暑期组织社会实践,你认为最可行的职业岗位有哪些?

②我们该如何策划实施暑期社会实践?

(2)教师将学生按照8~10人划分小组,要求每组通过搜集资料并经小组内部讨论后形成任务书。

(3)每个小组选出2名代表陈述本组任务书,展示任务书要点,小组内其他成员也可以进行补充。

(4)教师对各组的任务书进行分析、归纳和总结。

(5)教师根据各组在活动过程中的表现,给予评价并评分。

二、劳动实践任务书

姓名		学号		专业	
任务内容					
任务安排					
任务要求					
主要任务内容					

续表

心得体会	
自我评价	
教师评语	
	成绩：　　　　　　　　　　　　　　　年　　月　　日

三、劳动日志

姓名		学号	
专业		日期	
任务内容			
主要任务	任务内容		任务完成情况
任务一			
任务二			
任务三			
任务四			

续表

任务总结
个人评价
教师评价
成绩： 　　　　　　　　　　　　　　　　年　　月　　日

四、考核表

姓名		学号		专业	
课程名称					
任务内容					
劳动实践情况记录表	时间	地点	到岗情况		备注
	星期一				
	星期二				
	星期三				
	星期四				
	星期五				
	个人小结				
以上内容由学生填写					
带岗教师意见				总评成绩	
签字:　　年　　月　　日					

第七节　其他任务模块

学习目标
(1) 了解其他任务模块的基本常识。
(2) 进行一次其他任务。

一、基本常识

案例链接

社区服务中的困境

大学生志愿者是青年志愿者的主力军，志愿者参与社区服务是当代中国高校顺应社会经济体制转型发展的迫切需要。小夏就是顺应时代潮流的一名共青团员，在某高职学校的健康管理专业学习两年后，按照学校安排到社区的一家养老院做志愿者。随着人口老龄化问题的逐渐加剧，面对养老服务人才短缺的困境，引导鼓励大学生参与养老志愿服务具有重要意义。但是，小夏面临着一系列的问题。一是养老院里的老人们脾气特别大，总是埋怨小夏干活不利落；二是老人们嗓门大，说话声音大，搞得小夏异常疲惫；三是自己的专业技能始终没有完全发挥出来。另外，养老院用人的高峰时间恰巧与学业时间冲突。心灰意冷的小夏，已经没有了当初报名参加志愿服务的那股子热情了。面对周边隔三岔五的好奇询问，她总是不忍心打击师弟师妹们的热情。通过社区服务，她希望弘扬"奉献、友爱、互助、进步"的精神，但是现实状况并不尽如人意。

案例分析：目前，有很多大学生自愿走进社区进行服务活动，这一方面大学生得到了实习锻炼的机会，另一方面对社区服务起到了完善的作用，一举两得。志愿服务对提高社区服务能力、推进高校人才培养等工作具有重要的意义和价值，大学生志愿服务进社区具有必要性，但也存在问题，可行途径如下：加强和社区的沟通联系，增加志愿服务的途径和方式；立足社团，加强对大学生志愿服务能力的培养；进一步完善大学生志愿服务的管理和激励机制；进一步完善大学生志愿服务的保障和支持机制；坚持大学生社区志愿服务品牌化发展道路。

此任务是为补前六项任务之不足而设，主要是为了适应家庭劳动、社会劳动和职业劳动的需要。

此任务有利于锻炼学生的动手能力,培养学生的创新意识。学校根据各专业的人才培养需求,开展各种劳动实践,拓宽课程资源,搭建多元成长舞台,从学生认知和发展的规律出发,广泛为学生提供劳动实践岗位,培养学生生活、生存的技能,在动手动脑中培养学生的创新意识和实践能力。

通过此任务,学生可以体会到长辈们的艰辛,在感恩父母的同时,更加珍惜今天的劳动成果。

此任务有助于更好地将学生素质养成教育落到实处;有助于培养学生爱护环境、珍惜环境的个人品质;有助于推动学生自愿参与劳动实践;有助于更好地培养学生的主人翁意识。同时,可以营造劳动光荣的良好氛围,对保障正常的教学秩序、促进良好校风学风的形成都有十分重要的意义。

课后活动

做点菜肴敬父母

1. 活动目标

鼓励学生参与日常家务劳动,提高学生的动手能力和家庭责任感,提高学生的感恩意识。

2. 活动时间

建议45分钟。

3. 活动准备

(1)要求每名学生精心为父母准备一道热菜并把制作过程录制下来并制成为90~120秒的短视频,短视频中要说明(文字/语音):
①选择这道热菜的原因;②菜品的制作关键;③父母品尝后的评价。

(2)每名学生写一份1 000字左右的心得体会。

4. 活动流程

(1)教师将学生按照6~8人划分小组,组内成员一起观看小组内每个人制作的视频,并对视频内容展开讨论,然后汇总形成本组的心得体会。

(2)每组推选一名代表上台展示自己的视频,并分享小组的心得体会,其他小组可以对其进行提问,小组内其他成员也可以回答其他小组提出的问题;通过问题交流,将每个需要研讨的问题都讨论清楚。

(3)教师对各组的分享进行分析、归纳和总结,鼓励学生参与日常家务劳动,懂得感恩。

(4)教师根据各组在研讨过程中的表现予以赋分。

二、劳动实践任务书

姓名		学号		专业	
任务内容					
任务安排					
任务要求					
主要任务内容					

续表

心得体会	
自我评价	
教师评语	
	成绩:　　　　　　　　　　　　　年　　月　　日

三、劳动日志

姓名		学号	
专业		日期	
任务内容			
主要任务	任务内容		任务完成情况
任务一			
任务二			
任务三			
任务四			

续表

任务总结
个人评价
教师评价

成绩： 　　　　　　　　　　　　　　　　　　年　　月　　日

四、考核表

姓名		学号			专业	
课程名称						
任务内容						
劳动实践情况记录表		时间	地点	到岗情况		备注
		星期一				
		星期二				
		星期三				
		星期四				
		星期五				
	个人小结					
以上内容由学生填写						
带岗教师意见						总评成绩
签字: 　　年　　月　　日						

附 件

附件一

中共中央 国务院关于全面加强新时代大中小学劳动教育的意见
（2020年3月20日）

为构建德智体美劳全面培养的教育体系，现就加强新时代大中小学劳动教育提出如下意见。

一、充分认识新时代培养社会主义建设者和接班人对加强劳动教育的新要求

1. 重大意义

劳动教育是中国特色社会主义教育制度的重要内容，直接决定社会主义建设者和接班人的劳动精神面貌、劳动价值取向和劳动技能水平。长期以来，各地区和学校坚持教育与生产劳动相结合，在实践育人方面取得了一定成效。同时也要看到，近年来一些青少年中出现了不珍惜劳动成果、不想劳动、不会劳动的现象，劳动的独特育人价值在一定程度上被忽视，劳动教育正被淡化、弱化。对此，全党全社会必须高度重视，采取有效措施切实加强劳动教育。

2. 指导思想

以习近平新时代中国特色社会主义思想为指导，全面贯彻党的教育方针，落实全国教育大会精神，坚持立德树人，坚持培育和践行社会主义核心价值观，把劳动教育纳入人才培养全过程，贯通大中小学各学段，贯穿家庭、学校、社会各方面，与德育、智育、体育、美育相融合，紧密结合经济社会发展变化和学生生活实际，积极探索具有中国特色的劳动教育模式，创新体制机制，注重教育实效，实现知行合一，促进学生形成正确的世界观、人生观、价值观。

3. 基本原则

——把握育人导向。坚持党的领导，围绕培养担当民族复兴大任的时代新人，着力提升学生综合素质，促进学生全面发展、健康成长。把准劳动教育价值取向，引导学生树立正确的劳动观，崇尚劳动、尊重劳动，增强对劳动人民的感情，报效国家，奉献社会。

——遵循教育规律。符合学生年龄特点，以体力劳动为主，注意手脑并用、安全适度，强化实践体验，让学生亲历劳动过程，提升育人实效性。

——体现时代特征。适应科技发展和产业变革，针对劳动新形态，注重新兴技术支撑和社会服务新变化。深化产教融合，改进劳动教育方式。强化诚实合法劳动意识，培养科学精神，提高创造性劳动能力。

——强化综合实施。加强政府统筹,拓宽劳动教育途径,整合家庭、学校、社会各方面力量。家庭劳动教育要日常化,学校劳动教育要规范化,社会劳动教育要多样化,形成协同育人格局。

——坚持因地制宜。根据各地区和学校实际,结合当地在自然、经济、文化等方面条件,充分挖掘行业企业、职业院校等可利用资源,宜工则工、宜农则农,采取多种方式开展劳动教育,避免"一刀切"。

二、全面构建体现时代特征的劳动教育体系

4. 把握劳动教育基本内涵

劳动教育是国民教育体系的重要内容,是学生成长的必要途径,具有树德、增智、强体、育美的综合育人价值。实施劳动教育重点是在系统的文化知识学习之外,有目的、有计划地组织学生参加日常生活劳动、生产劳动和服务性劳动,让学生动手实践、出力流汗,接受锻炼、磨炼意志,培养学生正确劳动价值观和良好劳动品质。

5. 明确劳动教育总体目标。

通过劳动教育,学生能够理解和形成马克思主义劳动观,牢固树立劳动最光荣、劳动最崇高、劳动最伟大、劳动最美丽的观念;体会劳动创造美好生活,体认劳动不分贵贱,热爱劳动,尊重普通劳动者,培养勤俭、奋斗、创新、奉献的劳动精神;具备满足生存发展需要的基本劳动能力,形成良好劳动习惯。

6. 设置劳动教育课程

整体优化学校课程设置,将劳动教育纳入中小学国家课程方案和职业院校、普通高等学校人才培养方案,形成具有综合性、实践性、开放性、针对性的劳动教育课程体系。

根据各学段特点,在大中小学设立劳动教育必修课程,系统加强劳动教育。中小学劳动教育课每周不少于1课时,学校要对学生每天课外校外劳动时间做出规定。职业院校以实习实训课为主要载体开展劳动教育,其中劳动精神、劳模精神、工匠精神专题教育不少于16学时。普通高等学校要明确劳动教育主要依托课程,其中本科阶段不少于32学时。除劳动教育必修课程外,其他课程结合学科、专业特点,有机融入劳动教育内容。大中小学每学年设立劳动周,可在学年内或寒暑假自主安排,以集体劳动为主。高等学校也可安排劳动月,集中落实各学年劳动周要求。

根据需要编写劳动实践指导手册,明确教学目标、活动设计、工具使用、考核评价、安全保护等劳动教育要求。

7. 确定劳动教育内容要求

根据教育目标,针对不同学段、类型学生特点,以日常生活劳动、生产劳动和服务性劳动为主要内容开展劳动教育。结合产业新业态、劳动新形态,注重选择新型服务性劳动的内容。

小学低年级要注重围绕劳动意识的启蒙,让学生学习日常生活自理,感知劳动乐趣,知道人人都要劳动。小学中高年级要注重围绕卫生、劳动习惯养成,让学生做好个人清

洁卫生,主动分担家务,适当参加校内外公益劳动,学会与他人合作劳动,体会到劳动光荣。初中要注重围绕增加劳动知识、技能,加强家政学习,开展社区服务,适当参加生产劳动,使学生初步养成认真负责、吃苦耐劳的品质和职业意识。普通高中要注重围绕丰富职业体验,开展服务性劳动、参加生产劳动,使学生熟练掌握一定劳动技能,理解劳动创造价值,具有劳动自立意识和主动服务他人、服务社会的情怀。中等职业学校重点是结合专业人才培养,增强学生职业荣誉感,提高职业技能水平,培育学生精益求精的工匠精神和爱岗敬业的劳动态度。高等学校要注重围绕创新创业,结合学科和专业积极开展实习实训、专业服务、社会实践、勤工助学等,重视新知识、新技术、新工艺、新方法应用,创造性地解决实际问题,使学生增强诚实劳动意识,积累职业经验,提升就业创业能力,树立正确择业观,具有到艰苦地区和行业工作的奋斗精神,懂得空谈误国、实干兴邦的深刻道理;注重培育公共服务意识,使学生具有面对重大疫情、灾害等危机主动作为的奉献精神。

8. 健全劳动素养评价制度

将劳动素养纳入学生综合素质评价体系,制定评价标准,建立激励机制,组织开展劳动技能和劳动成果展示、劳动竞赛等活动,全面客观记录课内外劳动过程和结果,加强实际劳动技能和价值体认情况的考核。建立公示、审核制度,确保记录真实可靠。把劳动素养评价结果作为衡量学生全面发展情况的重要内容,作为评优评先的重要参考和毕业依据,作为高一级学校录取的重要参考或依据。

三、广泛开展劳动教育实践活动

9. 家庭要发挥在劳动教育中的基础作用

注重抓住衣食住行等日常生活中的劳动实践机会,鼓励孩子自觉参与、自己动手,随时随地、坚持不懈地进行劳动,掌握洗衣做饭等必要的家务劳动技能,每年有针对性地学会1~2项生活技能。鼓励学校(家委会)和社区等组织开展学生生活技能展示活动。学生参加家务劳动和掌握生活技能的情况要按年度记入学生综合素质档案。鼓励孩子利用节假日参加各种社会劳动。家庭要树立崇尚劳动的良好家风,家长要通过日常生活的言传身教、潜移默化,让孩子养成从小爱劳动的好习惯。

10. 学校要发挥在劳动教育中的主导作用

学校要切实承担劳动教育主体责任,明确实施机构和人员,开齐开足劳动教育课程,不得挤占、挪用劳动实践时间。明确学校劳动教育要求,着重引导学生形成马克思主义劳动观,系统学习掌握必要的劳动技能。根据学生身体发育情况,科学设计课内外劳动项目,采取灵活多样形式,激发学生劳动的内在需求和动力。统筹安排课内外时间,可采用集中与分散相结合的方式。组织实施好劳动周,小学低中年级以校园劳动为主,小学高年级和中学可适当走向社会、参与集中劳动,高等学校要组织学生走向社会、以校外劳动锻炼为主。

11. 社会要发挥在劳动教育中的支持作用

充分利用社会各方面资源,为劳动教育提供必要保障。各级政府部门要积极协调和引导企业公司、工厂农场等组织履行社会责任,开放实践场所,支持学校组织学生参加力所能及的生产劳动、参与新型服务性劳动,使学生与普通劳动者一起经历劳动过程。鼓励高新企业为学生体验现代科技条件下劳动实践新形态、新方式提供支持。工会、共青团、妇联等群团组织以及各类公益基金会、社会福利组织要组织动员相关力量、搭建活动平台,共同支持学生深入城乡社区、福利院和公共场所等参加志愿服务,开展公益劳动,参与社区治理。

四、着力提升劳动教育支撑保障能力

12. 多渠道拓展实践场所

大力拓展实践场所,满足各级各类学校多样化劳动实践需求。充分利用现有综合实践基地、青少年校外活动场所、职业院校和普通高等学校劳动实践场所,建立健全开放共享机制。农村地区可安排相应土地、山林、草场等作为学农实践基地,城镇地区可确认一批企事业单位和社会机构,作为学生参加生产劳动、服务性劳动的实践场所。建立以县为主、政府统筹规划配置中小学(含中等职业学校)劳动教育资源的机制。进一步完善学校建设标准,学校逐步建好配齐劳动实践教室、实训基地。高等学校要充分发挥自身专业优势和服务社会功能,建立相对稳定的实习和劳动实践基地。

13. 多举措加强人才队伍建设

采取多种措施,建立专兼职相结合的劳动教育师资队伍。根据学校劳动教育需要,为学校配备必要的专任教师。高等学校要加强劳动教育师资培养,有条件的师范院校开设劳动教育相关专业。设立劳模工作室、技能大师工作室、荣誉教师岗位等,聘请相关行业专业人士担任劳动实践指导教师。把劳动教育纳入教师培训内容,开展全员培训,强化每位教师的劳动意识、劳动观念,提升实施劳动教育的自觉性,对承担劳动教育课程的教师进行专项培训,提高劳动教育专业化水平。建立健全劳动教育教师工作考核体系,分类完善评价标准。

14. 健全经费投入机制

各地区要统筹中央补助资金和自有财力,多种形式筹措资金,加快建设校内劳动教育场所和校外劳动教育实践基地,加强学校劳动教育设施标准化建设,建立学校劳动教育器材、耗材补充机制。学校可按照规定统筹安排公用经费等资金开展劳动教育。可采取政府购买服务方式,吸引社会力量提供劳动教育服务。

15. 多方面强化安全保障

各地区要建立政府负责、社会协同、有关部门共同参与的安全管控机制。建立政府、学校、家庭、社会共同参与的劳动教育风险分散机制,鼓励购买劳动教育相关保险,保障劳动教育正常开展。各学校要加强对师生的劳动安全教育,强化劳动风险意识,建立健全安全教育与管理并重的劳动安全保障体系。科学评估劳动实践活动的安全风险,认真排查、清除学生劳动实践中的各种隐患特别是辐射、疾病传染等,在场所设施选择、材料选用、工具设备和防护用品使用、活动流程等方面制定安全、科学的操作规范,强化对劳动过程每个岗位的管理,明确各方责任,防患于未然。制定劳动实践活动风险防控预案,完善应急与事故处理机制。

五、切实加强劳动教育的组织实施

16. 加强组织领导

在党委统一领导下,各级政府要把劳动教育摆上重要议事日程,出台相关政策措施,切实解决劳动教育实施过程中的重大问题,做好督促落实。省级政府要加强劳动教育工作的统筹协调,明确市地级、县级政府及有关部门加强劳动教育的职责,推动建立全面实施劳动教育的长效机制。

17. 强化督导检查

把劳动教育纳入教育督导体系,完善督导办法。对地方各级政府和有关部门保障劳动教育情况以及学校组织实施劳动教育情况进行督导,督导结果向社会公开,同时作为衡量区域教育质量和水平的重要指标,作为对被督导部门和学校及其主要负责人考核奖惩的依据。开展劳动教育质量监测,强化反馈和指导。

18. 加强宣传引导

引导家长树立正确劳动观念,支持配合学校开展劳动教育。加强劳动教育科学研究,宣传推广劳动教育典型经验。积极宣传企事业单位和社会机构提供劳动教育服务的先进事迹。注重挖掘在抗疫救灾等重大事件中涌现出来的典型人物和事迹,大力宣传不畏艰难、百折不挠、敢于担当的高尚品格。鼓励和支持创作更多以歌颂普通劳动者为主题的优秀作品,大力宣传辛勤劳动、诚实劳动、创造性劳动的典型人物和事迹,弘扬劳动光荣、创造伟大的主旋律,旗帜鲜明地反对一切不劳而获、贪图享乐、崇尚暴富的错误观念,营造全社会关心和支持劳动教育的良好氛围。

附件二

中共河北能源职业技术学院委员会关于进一步加强体育、美育、劳动教育工作的指导意见

(2018年12月10日)

为深入贯彻落实2018年全国教育大会习近平总书记"坚持社会主义办学方向、培养德智体美劳全面发展的社会主义建设者和接班人"讲话精神,不断提升学院体育、美育、劳动教育工作水平,推进素质教育深入实施,促进学生德智体美劳全面发展,努力办好人民满意的教育,制定本指导意见。

一、充分认识加强体育、美育、劳动教育的重要意义

1. 加强体育、美育、劳动教育是全面贯彻党的教育方针的根本要求

加强体育、美育、劳动教育是实施素质教育的重要内容,是培育和践行社会主义核心价值观的有效途径。中共中央国务院发布的《关于深化教育改革全面推进素质教育的决定》中明确指出:"实施素质教育,必须把德育、智育、体育、美育等有机地统一在教育活动的各个环节中。学校教育不仅要抓好智育,更要重视德育,还要加强体育、美育、劳动技术教育和社会实践,使诸方面教育相互渗透、协调发展,促进学生的全面发展和健康成长。"《国务院办公厅关于强化学校体育促进学生身心健康全面发展的意见》(国办发〔2016〕27号)和《国务院办公厅关于全面加强和改进学校美育工作的意见》(国办发〔2015〕71号)对体育和美育工作提出了具体要求。

2. 加强体育、美育、劳动教育是促进学生全面发展的必然要求

全面发展表现为各方面素质的全面提升,全面提升学生各方面的素质,要依靠德智体美劳全面发展的教育。其中,思想道德素质是灵魂,智力素质是核心,身体素质是基础,审美修养素质是精华,劳动技能素质是助力。体育教育,可以促进学生身心健康、体魄强健;审美教育,可以以美养德、以美启智、以美健体;劳动教育,可以以劳树德、以劳增智、以劳强体、以劳育美、以劳创新。要切实转变教育观念,遵循教育规律和学生身心健康成长规律,全面落实国家课程标准,构建健全完善的体育、美育、劳动教育工作体系和科学高效的工作机制,将体育、美育、劳动教育贯穿于教育的全过程。

二、指导思想和原则

1. 指导思想

全面贯彻党的教育方针,以立德树人为根本任务,落实全国教育大会精神,按照国家中长期教育改革和发展规划纲要(2010—2020年)要求,将培育和践行社会主义核心价值观融入学校体育、美育、劳动教育全过程。树立健康第一的教育理念,让学生在体育锻炼

中享受乐趣、增强体质、健全人格、锤炼意志;坚持以美育人、以文化人,提高学生的审美和人文素养;弘扬劳动精神,教育引导学生崇尚劳动、尊重劳动,懂得劳动最光荣、劳动最崇高、劳动最伟大、劳动最美丽,培养和造就德智体美劳全面发展的社会主义建设者和接班人。

2. 基本原则

坚持育人为本,面向全体的原则。遵循体育、美育、劳动教育特点和学生成长规律,注重因材施教和快乐参与,让每个学生都享有接受体育、美育、劳动教育的机会。

坚持课堂教学与课外活动相结合的原则。在体育教育活动中保证课程时间,提升课堂教学效果,强化课外练习和科学锻炼指导,确保学生每天锻炼一小时。

坚持改革创新,协同推进的原则。加强美育教学改革,促进德智体美劳有机融合。结合系部专业特点,鼓励特色发展,在审美教育活动中形成"一系一品""一系多品"。

坚持思想引领,实际体验的原则。在劳动教育活动中要通过劳动帮助学生形成健全的人格和良好的思想道德品质,要让学生直接参与劳动过程,增强劳动感受,体会劳动艰辛,分享劳动喜悦,掌握劳动技能,养成劳动习惯,提高动手能力和发现问题、解决问题的能力。

三、工作目标

学校体育、美育、劳动教育工作达到国家标准,建成具有企办院校特色的科学的体育、美育、劳动教育课程体系,深化体育、美育、劳动教育课程教学改革,打造特色课程,提升校园文化环境育人水平,将体育、美育、劳动教育贯穿于教育教学的全过程,全面提高学生的职业素养。

四、抓好关键环节

1. 构建科学的课程体系

科学定位体育、美育、劳动教育课程目标。按照专业人才培养方案和课程标准,开设丰富优质的课程,开发校本课程,科学安排课程内容,加大实践活动比例。在学生掌握基本运动技能的基础上,大力推进足球、篮球、排球等集体项目;开设音乐、美术、戏剧、戏曲、舞蹈、影视等美育课程,参与社区文化艺术活动,学习优秀民族民间艺术,欣赏高雅文艺演出,参观美术展览等作为课外培养内容;上好《劳动实践》课程,开展校内外劳动活动,在学校的日常运行中渗透劳动教育,积极组织学生参与校园卫生保洁和绿化美化。(此项工作由教务处、后勤服务中心牵头落实)

2. 加强渗透与融合

将体育、美育、劳动教育贯穿于学校教育的全过程,德育、智育、体育、美育、劳动教育相融合,与各专业教学和社会实践活动相结合。挖掘不同课程所蕴含的美育资源,充分发挥各门课程的美育功能,在教学中要加大动手操作和劳动技能、职业技能的培养,尤其是实践教学。建立与体育、美育、劳动教育有关的兴趣小组、运动队、社团,开展丰富多彩

的实践活动。(此项工作由教务处、学生处牵头落实)

3. 注重校园文化的育人作用

充分利用广播、电视、网络、教室、走廊、宣传栏等,营造格调高雅、富有美感、充满朝气的校园文化环境,以美感人、以景育人。结合学校的办学理念、育人目标、人文资源,充分发挥学校文化的美育功能,创新美育载体,丰富美育内涵,打造各具特色的美育文化,使学生获得审美愉悦,接受美的熏陶,形成正确的审美观。(此项工作由校园文化部、工会、团委牵头落实)

4. 加强师资队伍建设

构建全员体育、美育、劳动教育机制。着力培育美育师资,通过骨干教师培训、外出参观考察、课题研究、开展教学竞赛等途径,提升教师的职业素养。加强师德建设,增强体育、美育、劳动教育教师的职业荣誉感,积极探索建设专兼职结合的教师队伍,广开渠道,开门办学,聘请能工巧匠、专业技术人员担任兼职教师。(此项工作由组织人事部、教务处牵头落实)

5. 加强教科研工作

要将学校体育、美育、劳动教育作为系统教科研课题开展理论研究和实践探索,制定教科研方案,确定课题,指导教师实施体育、美育、劳动教育。各教学单位要通过教科研提高师资水平,充分发挥骨干教师的作用,营造浓厚的教科研氛围,不断提升体育、美育、劳动教育效果。(此项工作由职教研究所、科研处牵头落实)

五、保障措施

1. 组织保障

学院成立的体育工作委员会、美育工作委员会和劳动教育工作委员会,负责制定实施方案,对相关工作进行组织、指导、监督、协调、检查、考核。建立完善体育、美育、劳动教育教研室,负责落实各项教学工作任务。

体育工作委员会

主任:张玉芝

副主任:王云峰、方秋堂

成员:尚国宾、王丽杰、孙晓静、于江、崔雪岭、刘宇、张雅伦、代建学、张振强

美育工作委员会

主任:张玉芝

副主任:李卫东、方秋堂

成员:尚国宾、王丽杰、孙晓静、于江、崔雪岭、刘宇、张雅伦、代建学

劳动教育工作委员会

主任:张玉芝

副主任:李卫东、方秋堂

成员:尚国宾、王丽杰、孙晓静、于江、刘宇、许卫东、张雅伦、代建学

2. 经费保障

保障满足体育、美育、劳动教育发展的经费需求,将学院体育、美育、劳动教育经费纳入年度预算,引进社会资金支持学校体育、美育、劳动教育的发展,多渠道增加学院资金投入。(此项工作由财务经营处牵头落实)

3. 制度保障

建立体育、美育、劳动教育工作评价制度,将评价结果纳入年终部门单位工作绩效考核。完善学生综合素质评价指标体系,全面反映学生德智体美劳综合素质。(此项工作由组织人事部、学生处牵头落实)

附件三

冀能院字〔2019〕7号关于下发体育、美育、劳动教育工作实施方案的通知
（2019年4月11日）

各单位：

为全面贯彻落实全国教育大会精神，按照《中共河北能源职业技术学院委员会关于进一步加强体育、美育、劳动教育工作的指导意见》(冀能学院字〔2018〕71号)要求，扎实推进我院体育、美育、劳动教育工作，经研究，制定我院体育、美育、劳动教育工作实施方案。现将方案印发给你们，请认真做好相关工作，中职部比照执行。

河北能源职业技术学院体育工作实施方案

为进一步加强学校体育工作，切实提高大学生体质健康水平，促进学生全面发展，根据《高等学校体育工作基本标准》《关于进一步加强学校体育工作若干意见的通知》和《关于印发〈学生体质健康监测评价办法〉》等三个文件的通知精神，结合我院《关于进一步加强体育、美育、劳育工作的指导意见》，现对我院体育工作的总体目标、体育课程改革、课外体育活动的实施、运动队训练竞赛管理、学生体质监测和工作条件保障等提出了如下实施方案。

一、工作目标

以全国学校体育工作会议精神，及教育部、国家体育总局、共青团中央关于开展全国亿万学生阳光体育运动的决定为指导，积极贯彻"健康第一""每天锻炼一小时，健康工作五十年，幸福生活一辈子"的现代健康理念，全面实施《学生体质健康标准》，大力推动我院体育工作。

(1)把增强学生体质和促进学生健康纳入学校总体发展规划。统筹规划学校体育发展方向，把提高大学生体质健康水平作为学校教育的基本目标之一和重要工作内容，充分发挥体育在学校人才培养、科学研究、社会服务和文化传承中不可替代的作用。

(2)将学校体育贯穿于学校全面实施素质教育的各项工作。创新人才培养模式，使学生掌握科学锻炼的基础知识、基本技能和有效方法，学会至少两项终身受益的体育锻炼项目，养成良好的锻炼习惯。挖掘学校体育在学生道德教育、智力发展、身心健康、审美素养和健康生活方式形成中的多元育人功能，促进学校体育与德育、智育、美育的有机融合，提高学生的综合素质。

二、具体措施

学院为一、二年级学生开设108学时(3个学期)的体育必修课;体育课班容量控制在30人左右;第4学期为没有修完108学时体育必修课的学生开设体育选修课。3个学期的体育必修课中,第1、2学期采用普修教学形式,一年级学习篮球、足球、排球、田径、技巧或进行素质练习,第3学期采用选项教学的形式进行教学,二年级学生选项学习篮球、足球、散打、太极拳、乒乓球、广场舞、健美操、瑜伽,确保每名学生掌握两三项终身受益的体育锻炼项目。(基础部、教务处负责)

1. 体育课程改革

(1)进一步优化体育课程结构。依据《全国普通高等学校体育课程教学指导纲要》的规定,开足、开好体育课程。促进课内外、校内外体育活动的有机结合。面向大一、大二学生,开设不同层次、多种类型、内容丰富的体育课程,形成大一建立基础,大二根据兴趣爱好、技术基础以及任课教师进行专项提高的课程体系和自主选课模式,真正赋予学生选择课程内容、上课时间和任课教师的自主权。(基础部、教务处负责)

(2)深化体育课程教学方法改革。在遵循体育教育规律和体质健康发展规律的基础上,倡导教学方法个性化和多样化,提倡师生之间、学生与学生之间的多边互助活动,努力提高学生参与活动的积极性。不仅要注重教法的研究,还要加强对学生学习方法和练习方法的指导,提高学生自学、自练的能力。要充分发挥学生的主体作用和教师的主导作用,努力倡导开放式、探究式教学。加强安全教育和管理,制定安全预案,避免学生发生意外伤害事故。(基础部、教务处负责)

2. 课外体育活动实施

(1)加强课外体育活动的管理。创新课外体育活动管理模式,制定阳光体育运动工作方案,将课外体育活动纳入学校教学计划,健全制度、完善机制、加强保障,保证学生每天锻炼一小时。学校认真组织落实每年的春季运动会、秋季体育节和系列学生体育比赛活动,参与体育节和运动会的学生人数要达到总人数的50%以上。学校在制定教学计划时,必须为当天没有体育课的学生预留课外体育活动时间,学生每周至少参加三次课外体育锻炼。(基础部、教务处负责)

(2)充分发挥学生体育社团的纽带作用。加强校园体育文化建设,成立的学生体育社团不少于8个,采取鼓励和支持的态度定期开展活动。在体育教师的指导下,为培养学生自我组织、自我管理、自我锻炼的能力,要求学生在校期间每人加入一个及以上体育社团组织,并要求体育社团组织周周有活动、月月有安排,并建立考评奖励机制。(学生处负责)

3. 运动队训练和竞赛管理

(1)加强学生课余训练与竞赛工作。注重培养学生的体育特长,充分发挥体育特长生和学生体育骨干的示范作用,组建学生田径、篮球、足球、乒乓球体育运动队,制定学习与训练相长、激励与约束并存的学籍管理制度,强化科学训练,不断提高体育竞赛水平,

积极组织学生参加教育和体育部门举办的体育竞赛。(基础部负责)

(2)有效激发教练员、运动员训练的积极性。将各级各类课余训练竞赛纳入教学计划管理,校运动队教练员的日常训练纳入教学课时,参照学校制定的《辅导学生参加学科竞赛》标准发放课时补贴。加入课余训练竞赛运动队的学生,参照体育选修课的管理方式,按照要求为他们提供相应的公共选修课学分。(基础部负责)

4.学生体质监测

(1)全面实施《国家学生体质健康标准》,安排专门人员负责每年对大一、大二学生进行体质健康测试,测试成绩向学生反馈,并将测试结果上报至国家学生体质健康标准数据管理系统,形成本校学生体质健康年度报告,及时在校内公布学生体质健康测试总体结果。(基础部负责)

(2)加强学生体质健康监测的评价。把学生体质健康状况列为衡量学校办学水平的重要评估指标和学生综合素质评价的重要内容。将学生的测试成绩列入学生档案,并作为对学生评优、评先的重要依据。毕业时,学生体质健康测试成绩达不到50分者按结业处理(因病或残疾学生,凭医院证明向学校提出申请并经审核通过后可准予毕业),毕业年级学生体质健康测试成绩及格率须达95%以上。建立学生体质健康状况分析和研判机制,要根据学生体质健康状况制定干预措施,切实改进体育工作。(基础部、教务处负责)

河北能源职业技术学院美育工作实施方案

为深入落实习近平总书记在2018年全国教育大会上关于"坚持社会主义办学方向、培养德智体美劳全面发展的社会主义建设者和接班人"的讲话精神,根据国务院办公厅印发的《关于全面加强和改进学校美育工作的意见》(以下简称《意见》),2019年全省教育工作会议和学院党委《关于进一步加强体育、美育、劳育工作的指导意见》的文件精神,为更好地提升我院美育工作水平,特制定学院美育工作实施方案。

一、工作目标

以习近平新时代中国特色社会主义思想为指导,落实《意见》的美育工作目标,全面加强和改进美育,适应素质教育的新要求。树立学院美育工作"一个体系、一种文化、一个品牌"的工作目标,"一个体系"即"三模块、三类型"美育课程体系,"一种文化"即以文化人、以景育人、以美感人的校园文化,一个品牌即"三全育人"美育特色品牌。以美育工作促进学院德育、智育、体育、劳动教育工作全面提升。

二、工作措施

1.构建以审美和人文素养培养为核心、以创新能力培育为重点的三模块、三类型美育课程体系

美育知识的来源包括通识教育、公共艺术教育、专业艺术教育等课程,也包括相关的社会实践。其中,公共艺术教育是最重要的美育载体。

整合校内外优势资源,完善美育课程模块,建设专门美育课程模块(中华传统文化模块、音乐模块和美术模块),将美育课程划分为必修课、限选课和公选课三种类型,通过美育促进德育、智育,潜移默化地提升广大学生的综合素质。

(1)开设传统文化教育课程。在已开设的"中华传统文化""茶文化""中华民族精神""河北历史""唐山历史""音乐赏析"等人文素养课程基础上,进一步挖掘中华传统文化中的美育理念,我国传统文化中的"六艺"指的是"礼、乐、射、御、书、数",根据这一传统,学校增加了音乐、美术、书法等课程,体现了美育的民族性,完善了美育课程体系,并将美育作为温润学生心灵的重要途径。(教务处、基础部负责)

(2)深化主体课程教学改革。强化"高职语文""音乐赏析"等主体课程的美学功能。"高职语文""音乐赏析"等课程教学对于全面培养和提高人文素质具有其他课程无法替代的优势,而在人文素质的培养中,审美教育的培养显得尤为重要,对于全面提高学生的综合素质,提高学生的逻辑思维能力、语言鉴赏能力以及审美能力都有着非常积极的推动作用。"高职语文""音乐赏析"等课程应该进一步精选课程教学内容,创新教学设计和教学方法,引领学生深入发掘和启迪经典作品的高雅、优美、和谐、律动、友爱的美学情感,引导学生不断扩展作品的美学因素,由表及里地帮助学生获得人生感悟、陶冶性情、美化心灵。(基础部、教务处负责)

(3)注重专业课程美育建设。在各专业课程中引入美育元素,将美育与工匠精神相融合,结合专业特点,让学生感受到巨匠大师的艺术魅力,从建筑之美、设计之美、雕琢之美中汲取营养,营造努力学习专业知识的良好氛围。(教务处、各系部负责)

(4)抓好美育的网络教学。积极探索"互联网+"美育新模式,使用好超星尔雅平台、智慧树平台,将选取优秀美育网络课程作为必修课或公选课,利用教学平台开展线上线下教学活动,推动信息技术与美育深度融合。(教务处、基础部负责)

(5)建设特色美育师资团队。一流的师资队伍是推进美育工作的重要保障,学院拥有一批语文、美术、音乐等科目的教学人才,在未来的美育工作中发挥基础保障作用;同时,充分利用艺术设计类专业已有的多名外聘教师的资源优势。聘请能够承担相关美育课程的线上线下教学任务的唐山市艺术界知名人士,开展各种美育讲座,学院将制定相应的评聘激励政策,提高外聘教师的授课积极性。(教务处、信息工程系、基础部、人事处负责)

(6)健全完善美育工作机制。在学院美育工作委员会的统一领导下,在基础部设立美育教研室,教务处依据人才培养方案并结合工作实际制定美育课程规划,基础部美育教研室负责美育课程设置、内容遴选以及安排授课教师,定期组织美育师资团队开展教研活动。(基础部、教务处负责)

2. 形成格调高雅、富有美感、以美感人、以景育人、充满朝气的校园文化环境

以迎接建院20周年为契机,在2010年建院10周年的基础上深入挖掘校史资料和校友名人,重新规划建设校史馆;选取合适位置建设特色文化景观,展示行业、专业特色之美;进一步完善"两网两微一矩阵一联盟"媒体宣传体系建设,加强美育与引导,宣传各单位在美育方面开展的工作。

(1)从源头整理校史,邀请已荣休的学院老领导、教师和知名校友共同参与,回顾历史事件,挖掘著名校友和历史名人,进一步梳理校史资料,整理校史故事、校史人物的文字资料。(宣传部、综合办公室、档案室、招生就业指导处负责)

(2)对新校史馆进行规划,结合校园室内外环境充分利用现有条件进行改造,打造"两系列一长廊"的校史展示集群,分多个区域采用全开放和半开放的展示形式,组织师生广泛参与设计建设和后期开展讲解工作,形成"校史在身边"的浓厚文化氛围。(宣传部、工会、高职各系部、中职部、图书馆负责)

(3)打造校园特色文化景观。展现学院特色,体现校企文化融合行业这一特色,设置1~2处具有新能源新技术的标志性景观。(宣传部、校产处负责)

(4)发挥"两网两微一矩阵一联盟"作用,利用好校园内各类宣传阵地,运用道旗、橱窗等宣传习近平新时代中国特色社会主义思想、中华优秀传统文化、工匠精神等内容;及时更新校园网相关栏目的内容,宣传美、营造美;微信、微博开设"能院摄影家""美在能院""最美能院人"栏目,鼓励师生广泛参与,发现美、传递美;充分调动信息员和网宣员的力量,及时宣传各单位开展的各项美育活动;拓展学院媒体联盟的宣传方式,创新栏目形式,让普通师生也能走进直播间,分享他们的美好回忆,诉说他们的动人故事。(宣传部、工会、学生处、各系部负责)

3.通过开展相关主题活动,形成"三全育人"的美育特色品牌

充分发挥校园文化的美育功能,创新美育载体,丰富美育内涵,以礼赞中华人民共和国成立70周年,纪念五四运动100周年,迎庆学院建院20周年为契机,广泛激发师生参与的热情,发挥社团作用,提供展示平台。

(1)在学雷锋月、五四、毕业季、新生入学、十一等重要节点开展"礼赞新中国奋进新时代"主题活动,弘扬中华优秀传统文化、革命文化和社会主义先进文化,融入区域文化、地方特色,展示行业、专业特色,引高雅艺术、国粹经典进校园。(宣传部、学生处、工会负责)

(2)深入开展学院大讲堂活动,国学讲坛、道德讲堂、辅导员大讲堂等分堂以弘扬中华优秀传统文化、深化社会主义核心价值观建设、弘扬工匠精神和劳模精神等为主题,邀请社会名人和知名校友来校讲座,培养学生发现美、接受美、欣赏美的能力。(宣传部、各分堂负责单位部门负责)

(3)通过在全院范围内开展的"爱党、爱国、爱企、爱校、爱家"的"五爱"精神文明建设系列活动,激发学生了解党史、国史,感受企业、学院以及家乡的发展变化之美,促进美育工作。(宣传部、工会、学生处、各系部负责)

立足学院规划紧扣美,工作安排突出美,教育过程体现美,教研活动围绕美,诊断改

进总结美,使学生处在"立体美"的"大美育"之中,营造一种浓厚的美育工作氛围,创新美育载体,丰富美育内涵,打造各具特色的美育文化,将美育贯穿于学生教育的全过程,挖掘不同课程中所蕴含的美育资源,充分发挥各门课程的美育功能,健全完善美育工作体系和科学高效的美育工作机制,提高师生参与的广度和深度,使学生获得审美愉悦,接受美的熏陶,形成正确的审美观。

河北能源职业技术学院劳动教育工作实施方案

为贯彻落实习近平总书记在全国教育大会上提出的培养德智体美劳全面发展的社会主义建设者和接班人的讲话精神,更好地提升我院劳动教育工作水平,根据学院党委制定的《关于进一步加强体育、美育、劳动教育工作的指导意见》,特制定如下劳动教育工作实施方案。

一、工作目标

以习近平新时代中国特色社会主义思想为指导,营造崇尚劳动、尊重劳动的氛围,构建"三层面、全过程"的劳动技能培养体系,创建"四方联动、四项结合、三级评价"的劳动实践课程品牌,使学生树立正确的劳动观念、劳动态度,养成劳动最光荣、劳动最崇高、劳动最伟大、劳动最美丽的劳动意识。

二、工作措施

1. 营造崇尚劳动的浓厚氛围

(1)活动引领,增强劳动意识,树立劳动观念。

学生通过参与学院开展的"勤学""修德""精艺""求新"等特色竞赛项目,在备赛、竞赛过程中培养劳动技能、意识、观念;邀请事业有成的毕业生进行榜样教育活动,让学生明白任何成功都来之不易,"幸福都是奋斗出来的";选择吃苦耐劳、品学兼优的学生担任"军训教官"和"军训辅导生",开展"文化创意宿舍比赛""文明创建""老少牵手""暖冬行动"等各类竞赛和志愿者活动,使学生自我教育、自我管理、自我服务,从而提升大学生的动手能力。(教务处、学生处、宣传部、各系部负责)

(2)融入企业文化,继续推行教室"7S"管理。

严格执行《河北能源职业技术学院教室使用规定》,规范师生课前、课中、课后在教室的各项行为,达到"整理(Seiri)、整顿(Seiton)、清扫(Seiso)、清洁(Seiketsu)、素养(Shitsuke)、安全(Safety)、节约(Save)"的"7S"企业管理要求,坚持每天线上线下督查,及时通报督查结果,增强学生自觉参与劳动的观念,培养学生准职业人的行为习惯。(教务处、各系部负责)

2. 构建"三层面、全过程"劳动技能培养体系

将劳动教育纳入人才培养方案,贯穿于各专业人才培养的全过程,渗透到专业教学之中,形成校内课程培养、校外实践培养和课外培养三个层面的劳动技能培养体系。

(1)校内课程培养,培育工匠精神。

一是开设专门的劳动教育课程,各专业在第二、三学期开设《劳动实践》课程,提升学生的动手能力,培养学生的创新意识、劳动观念;二是在各专业校内公共基础课、专业课、专业拓展选修课和公选课的教学过程中,融入劳动教育内容,尤其是在专业课程教学过程中引入企业的真实项目案例,注重培养学生的工匠精神,敬业、精益、专注、尽职尽责的职业精神,精益求精、追求极致的职业品质,通过与课程相结合的劳动教育,学生可以直观感受到一分耕耘一分收获、没有最好只有更好的质量意识。(教务处、各系部负责)

(2)校外实践培养,提高职业素养。

在毕业实习、顶岗实习等校外实践教学环节实现实习过程的完全职业化。各专业根据专业特点,安排学生参加职业化毕业实习、顶岗实习,加强对动手能力和劳动技能、职业技能的培养,按照"学中做、做中学"的教学模式锻炼学生,做好实习过程的监控和指导,校企合作共同育人,在劳动中提高学生的专业素养,缩短学生走上工作岗位的适应期。(教务处、各系部负责)

(3)课外培养,提升劳动能力。

各专业按照人才培养方案中的课外培养计划,积极开展第二课堂活动,学生通过参加科技、文体、实践和技能培训等活动,提升劳动能力,并获得相应的课外培养学分,实现全面发展。(教务处、团委、学生处、各系部负责)

3. 创建"四方联动、四项结合、三级评价"的劳动实践课程品牌

以劳动实践课为抓手,提高学生的综合劳动技能,树立学院劳动教育品牌。

(1)四方联动保障"劳动实践"课程教学。

构建教务处、后勤服务中心、基础部、各系部四方联动,相互配合,齐抓共管的机制,为"劳动实践"课程教学的开展提供坚实的组织保障。教务处负责劳动实践课程的整体监控和协调,为各方工作的开展架设桥梁;后勤服务中心负责制定劳动标准、确定劳动任务、提供劳动工具;基础部负责制定课程标准、提供劳动实践课程开展所需的教学资料,为各系部的课程实施提供指导;各系部负责选派经验丰富的指导教师,按照"三段式教学"方式,即课前30分钟进行劳动教育和动员,中间240分钟进行劳动实践,劳动实践活动中对学生进行全程指导,课后30分钟进行系统的劳动情况点评,精心设计教学环节,系统地组织劳动实践课程。(教务处、后勤服务中心、基础部、各系部负责)

(2)四项结合提升课程教学质量。

"劳动实践"课程教学中,体现劳动教育与思政教育相结合、劳动教育与创新能力培养相结合、学生自育与互育相结合、关键职业能力培养与劳动技能提升相结合。"劳动实践"课程的开展使崇尚劳动、热爱劳动、自觉劳动的观念入心入脑,提升学生的思想认识;指导教师带领学生分解劳动任务,劳动小组集体协商,制定劳动工作方案,发挥学生主观能动性,激发学生的创新能力;学生除了要接受指导教师对劳动情况的全面点评外,还要

进行自评和互评,以学生为主题,提高学生的参与积极性,形成相互学习、彼此促进的劳动氛围;通过劳动实践,学生可以掌握基本的劳动技能,在传授劳动技能的过程中,将对学生的执行力、创造力、进取精神、团队精神等关键能力的培养融入各教学环节。(教务处、后勤服务中心、基础部、各系部负责)

(3)三级评价形成立体评价监控体系。

为保障"劳动实践"课程的教学质量,树立劳动实践教学品牌,建立教务处、基础部、专业系部三级评价监控体系。教务处每天安排专人对"劳动实践"课程的教学情况进行督查,填写督查记录表,并及时反馈督查信息;基础部每天安排专业教师指导监督各劳动实践教学环节,评估点评劳动实践教学效果;各系部随时做好自查,保障正常教学秩序,提升课程教学效果。(教务处、基础部、各系部负责)

参 考 文 献

[1] 刘向兵. 劳动的名义[M]. 北京:中国工人出版社,2018.

[2] 李桂林. 中国教育史[M]. 上海:上海教育出版社,1989.

[3] 陶行知. 陶行知全集[M]. 长沙:湖南教育出版社,1985.

[4] 本书编写组. 马克思主义基本原理概论[M]. 北京:高等教育出版社,2013.

[5] 檀传宝. 劳动创造美好生活[M]. 北京:中国劳动社会保障出版社,2019.

[6] 顾明远,边守正. 陶行知选集[M]. 北京:教育科学出版社,2011.

[7] 刘艾玉. 劳动社会学教程[M]. 北京:北京大学出版社,2004.

[8] 刘向兵. 新时代高校劳动教育论纲[M]. 北京:社会科学文献出版社,2019.

[9] 吴顺. 工匠精神传承与创新[M]. 北京:中共党史出版社,2018.

[10] 黄震. 工匠精神[M]. 北京:北京工业大学出版社,2017.

[11] 向荣德. 劳模精神职工读本[M]. 北京:中国工人出版社,2016.

[12] 姚裕群. 人力资源管理与劳动保障案例集[M]. 北京:清华大学出版社,2015.